平行与缺席

十九世纪欧洲水彩画家评传

A Critical Biography of European
Watercolor Painters in the 19th Century

雷勇斌　著

Parallel & Absence

電子工業出版社
Publishing House of Electronics Industry
北京•BEIJING

内容简介

水彩画的诞生和发展，是西方艺术史不可忽略的重要版块，曾取得辉煌的艺术成就。它的兴衰演进都由成千上万的水彩画家推动前行，包括处于风口浪尖的绘画大师，也有默默无闻的艺术耕耘者……在历史悄然无声的选择和沉淀中，诸多与大师同行的水彩画家们被淡忘，甚至缺席在历史的笔墨中，这些艺术家及其作品被蒙上无情的尘埃以致光芒暗淡，逐渐没落。本书选取了欧洲十九世纪与大师平行或缺席于大众视野的十三位重要水彩画家，并结合当时的时代背景，重点分析其创作风格与艺术观念，归类在风景、战争、政治和贵族四类题材范畴作类比研究，还原十九世纪欧洲水彩艺术的局部面貌。

本书对广大艺术工作者学习水彩画理论及十九世纪欧洲水彩画历史开启了一个清晰而系统的视角，也可供有志于从事美术史及水彩画专业的本科生、研究生学习参考。

图书在版编目（CIP）数据

平行与缺席：十九世纪欧洲水彩画家评传 / 雷勇斌著. —北京：电子工业出版社，2022.6

ISBN 978-7-121-43205-7

Ⅰ.①平… Ⅱ.①雷… Ⅲ.①水彩画—画家—评传—欧洲—19世纪 Ⅳ.①K835.572

中国版本图书馆CIP数据核字(2022)第051447号

责任编辑：朱雨萌
装帧设计：易宋佳珈
印　　刷：北京利丰雅高长城印刷有限公司
装　　订：北京利丰雅高长城印刷有限公司
出版发行：电子工业出版社
　　　　　北京市海淀区万寿路173信箱　邮编：100036
开　　本：787×1092　1/16　印张：24　字数：403千字
版　　次：2022年6月第1版
印　　次：2022年6月第1次印刷
定　　价：298.00元

凡所购买电子工业出版社图书有缺损问题，请向购买书店调换。若书店售缺，请与本社发行部联系，联系及邮购电话：（010）88254888，88258888。

质量投诉请发邮件至zlts@phei.com.cn，盗版侵权举报请发邮件至dbqq@phei.com.cn。

本书咨询联系方式：zhuyumeng@phei.com.cn。

绪论

2017年6月14日的夜晚，我坐在英国伯恩茅斯艺术大学图书馆最终完成了《英国水彩画的流变与解析》一书的文稿。长舒一口气的同时又为自己暗暗定下一个目标，下一本著作一定要写关于欧洲十九世纪水彩艺术家的个案和流派研究，因其精彩程度着实超乎寻常。

十九世纪是整个人类社会进入现代史的开端，是欧洲社会进步、科技发展和文化繁荣最传奇的时期之一，深刻影响着这个时期的艺术面貌，使之推陈出新，尽显非凡。首先，宗教权力移交给新兴资本主义，文艺复兴以来的人文主义理想被弱化，现代主义艺术家们开始线性地剔除所谓绘画本体之外的一切东西，不再背负过多的历史和文化负担，使得艺术开始有了更多的可能。其次，各类画家团体、新兴展览、艺术沙龙的隆重亮相与交流，弄潮艺术的崭新视野、方法、风格及精神，机智顺应新兴资本家彰显社会地位的需要，携同资本和市场的运作，成功推广其独特的艺术观念和作品，迅速提升艺术家整个群体的话语权，成为社会追捧的对象。再者，理论研究者更是推波助澜，终于强力整合了新艺术思想与现实逻辑的关系。

由此，十九世纪的欧洲绘画作品不再像十八世纪的艺术作品那样保守青涩，绘画题材和风格都得到了一定的自由拓展；但也不像二十世纪以来的艺术如此纷繁复杂、一路激进，而是呈现出清晰、整体而纯粹的发展脉络。尤其是绘画流派组织极其精致而紧密，创作方向及意图非常明确，有利于研究者深入这波澜壮阔的时期进行观察与剖析。从十九世纪的欧洲绘画作品中既能看到古典主义流派经典的造型样式，又能看到如英国拉斐尔前派、欧洲洛可可风格、印象主义与现实主义等的形式演变。它们竟在同一个世纪内交相辉映、包容并蓄。

在十九世纪，欧洲新艺术潮流的绘画大家正忙着颠覆传统艺术观念和技术，蓦然回首，却有一大批水彩画家不为所动，执着地选择利用传统的绘画技巧心无旁骛地走在自己的艺术道路上，真是“任尔东西南北风，我只立根破岩中”。由于受到诸多因素的制约和影响，他们的作品没有后来者“特立独行”的绘画风格，但他们才华横溢、技艺精湛，在资本膨胀浮华的情境下毅然坚守着传统绘画的奥义，不理会艺术表面的繁华喧嚣，用最为传统的技巧、最为真挚的笔触和微妙的色彩变化表达自己安静沉稳的内心，倾诉着孤独与热情。这些褪去浮华的传统绘画就像烙印在时光尺上的刻度，标志着那个时代的辉煌和坚韧。

其实，在茫茫的艺术潮流中，水彩画艺术史是由无数水彩画家共同书写的，那些屈指可数的水彩画大师只是强大涌流激起的巨大浪花而已。随着时间的推移，在必然的博弈中，曾与大师比肩同行的水彩画家或缺席在历史记录中的艺术家作品被蒙上了厚厚的尘埃，以致光芒暗淡，逐渐被埋没。时至今日，我们只能在画廊、博物馆、拍卖行及古董店的角落邂逅这些感人的作品，或者在图书馆的古籍里寻得些零星的记载。后人言说历史，很多时候是以偏概全的，或只言新潮，暴露着人性“追新逐旧”的本质，而那些坚守传统艺术观念的画家就显得格格不入，进而被选择性地排挤、遗忘，无人问津。但不能否认的是，他们的存在曾有力地助推了整个欧洲水彩画史的发展，确实值得致敬。

艺术在不断的反叛中翻新着表达形式与理念，但批判式行进的步履太过匆忙。驻足停留之际，回望已平息渐缓的历史洪流，才发现河谷深处依然散发着众多温润的光芒。国际交流的时代需求和机遇，使笔者得以对欧洲十九世纪水彩画家群体及其艺术进行个案研究，但因为异域文化的理解与视角的局限，仍然难窥其全貌，只能尽力去重新审视和发掘他们在洪流之外所做的传承和突破，为读者揭开那个时代水彩画史的精彩角落。

本书暂收录了13名欧洲十九世纪的水彩画家的部分作品进行研究和分析，从题材上大致可以分为风景表现、战争、政治、贵族四类。其中，以风景表现为主的画家有瓦利（英国，1778—1842年）、科特曼（英国，1782—1842年）、温珀（英国，1813—1903年），以战争题材为主的画家有波科克（英国，1740—1821年）、诺里（英国，1832—1901年）、库珀（英国，1883—1974年），以战争、政治、社会相关题材为主的画家有杜米埃（法国，1808—1879年）、克莱芒（法国，1829—1880年）、克拉克（英国，1857—1937年），以贵族、东方主义元素为题材的画家有奥雷利（意大利，1858—1929年）、英杜尼（意大利，1842—1908年）、基尔本（英国，1839—1924年）、普拉菲尔（英国，1845—1880年）。艺术家在笔下率性展现风景与建筑的崇高与静穆，记录战争的腥风血雨，巧妙突显上流社会人物的风姿与本色，营造东方世界的奢靡物象，细腻捕捉朴素或多彩的生活气息。

十九世纪英国的水彩风景画呈现出繁荣的发展势头，本书介绍的几位水彩风景画家瓦利、科特曼、温珀，他们的共同点在于风格都偏向写实，题材方面也以表现自己的生活环境及自然风景为主。瓦利和科特曼更偏向于建筑与人物的风景场面，而温珀则更多表现的是自然风景与日常生活；瓦利和科特曼擅长以渺小的人物衬托大自然的宏伟壮观，画面色彩纯净，相比而言，科特曼的画面色块的构成更加概括简练，温珀则笔触细腻，用色更丰富大胆，画面效果活泼跳跃。

英国画家诺里、库珀和波科克都画战争题材，诺里和波科克同样是描绘大的战争场面的画家，诺里擅长以旁观者的角度记录战争，波科克所描绘的是海上的战争场面。库珀与他们都不同，他着眼于将士兵作为独立的个体来进行描绘。但总体来说，他们的画面在表现手法上都比较写实，氛围并不像戈雅那样揭露战争残酷的一面，没有太多情绪化的倾向，更多是为了记录真实的历史事件。

那个时期法国和英国的社会因为政治和战争原因动荡不安，所以出现了一些反映社会现状，揭露社会的黑暗面，具有讽刺意味的艺术作品，同样都描绘了底层人物的生活状态。这其中的代表人物有杜米埃、克莱芒、克拉克等，他们的画面效果灰暗低沉，追求表现力，在表现形式上进行了主观化的处理，使得画面人物形象生动、活灵活现，人物动态夸张且具有趣味。不同之处在于杜米埃的作品大多是讽刺政治的漫画，勇敢地表达自己的政治见解，丝毫不畏惧强权政治的迫害与打压；克莱芒则通过描绘战争题材下的生活集聚场景，真实地反映战争时期各阶层人们的生活状态。克拉克则通过直接表现狄更斯笔下的人物，展现了大时代背景下小人物的命途多舛。

因为海上贸易发达，东西方往来更加频繁，东方元素和异域风情开始在欧洲上流社会兴起。意大利的水彩画家奥雷利、英杜尼；英国的基尔本、普拉菲尔的画面中都有东方元素的出现，画面都使用了细腻琐碎的小笔触，颜色鲜亮、色调偏暖。意大利画家英杜尼更多地着眼于平民的爱情及生活题材，在他的作品中人物洋溢着欢快的氛围。而其他几位画家则聚焦于上流社会的奢靡生活，其中，奥雷利画面的人物多为宫廷贵族，具有浓郁的异域风情且装饰意味浓厚，画面中还有奴隶的出现。基尔本的作品中时常能见到来自东方的装饰品，如瓷器，具有古典的精致华丽，注重对服饰材质的表现。普拉菲尔不同于前面几位画家，他的笔触主要集中在人物身上，背景更加概括，画面主次分明、厚重，在水彩的基础上还使用了坦培拉的技法。

笔者 2016—2017 年在英国访学期间，为了翔实、全面地考证资料，曾频繁出入英国艺术院校图书馆及大英图书馆（British Library），阅读查阅大量相关书籍，如 Martin Hardie 的 *Water-Colour Painting in British: the Romantic Period* 和 *Water-Colour Painting in British: the Eighteenth Century*，Simon Fenwick 和 Greg Smith 共同编写的 *The Business of Watercolour：A Guide to the Archives of the Royal Watercolour Society*，Ardill 等人编写的 *Watercolour*，Tate 美术馆研究人员编写的 *Watercolour in Britain*，Kim Sloan 等人编写的 *Places of the Mind: British Watercolour Landscapes 1850–1950*，以及多位英国艺术家个案研究文本和画册。同时，笔者还考察了英国多个展览馆和相关专业机构，奔赴英国大英博物馆馆藏作品展“心中的地域：1850—1950 英国水彩风景画”，去英国国家美术馆细致观察了英国水彩画鼎盛时期的代表作，也虔诚拜访收藏了大量水彩作品的维多利亚和艾尔伯特美术馆，以及当代艺术研究中心等，考察作品和文献资料库。

2019 年 5 月，笔者再次专程远赴英国考察，购得了大量的书籍资料：Stanley Fisher 编写的 *A Dictionary of Watercolor Painters（1750–1900）*，由 Jane Munro 编写和菲茨威廉博物馆（Fitzwilliam Muaeum）出版的 *British Landscape Watercolours*，罗里 · 瓦萨尔 - 亚当斯（Rory Vassall-Adams）的 50 幅彩色画册 *The Victorian Watercolour*，H. L. Mallalieu 的 *The Dictionary of British Watercolour Artists up to 1920* 和 Judy Egerton 编写的 *English Watercolour Painting* 等，同时还购得 2174 张水彩画相关的电子高清图。

在艺术家多米尼克 · 谢菲尔德（Dominic Shepherd）的推荐下，笔者于 2019 年 5 月 16 日在新邦德街（New Bond Street）与一位著名的研究早期绘画大师作品的专家安德鲁 · 麦肯齐（Andrew McKenzie）见面交谈，讲述了他与英国多家拍卖行的合作关系与方式，如伯罕斯拍卖行（Bonhams Auctioneers）、斯坦斯德特拍卖行（Stansted Auction Rooms）、马拉姆拍卖行（Mallams Auction）等，讨论了更多欧洲水彩画的市场运行规律。其间笔者还在伦敦拜访了多个专业的画廊，如盖伊 · 皮皮亚特画廊（Guy Peppiatt Fine Art）、班克斯德画廊（Bankside Gallery）、雅培公司（ABBOTT and HOLDER）、克里斯 · 贝特尔斯画廊（Chris Beetles Gallery）等，还与雅培公司签订了合作协议，以进一步拓展欧洲水彩画的研究。

除此之外，笔者还走访一些艺术高校，拜访了多位英国本土业内学者，在沟通交流中获取了他们对十九世纪欧洲水彩画艺术家和流派的认识和定位。笔者穿梭在欧洲大街小巷，尽力在各个古董市场和街边画廊搜寻有可能散落的与水彩画相关的信息、书籍、资料和作品等。通过签名、笔法、风格、题材等各方面的严谨考证，对这一时期水彩画艺术和画家有了较深入且客观的认识和评估，为此书的编写提供了有效可行的研究基础，力图与读者分享更真实的欧洲水彩画的历史片段。

雷勇斌

2021 年 1 月 14 日

目录
Content

约翰·塞尔·科特曼

John Sell Cotman

1782.5.16—1842.7.24

一、十八世纪的困境

1769 年，随着纺织业技术革新，英国开展了轰轰烈烈的工业革命。工业革命的爆发不仅促进了当时整个英国的工业发展，还推动了社会各个领域的改革。但是很快，改革浪潮遇到一个巨大的阻碍——1789 年法国大革命，给当时正处在变革边缘的英国思想界带来了猝不及防的冲击，引发了英国政府内部激进派和保守派的激烈冲突。此后的几十年，英国对内要解决党派之争，对外要进行反法战争。长年的战争和政治内耗使得社会形势动荡不安，贫苦的无产阶级和新兴资产阶级之间渴望一场针对保守陈旧的封建阶级的革命。而这时法国大革命带来的启蒙思想：自由、平等、博爱等普世价值深入人心，人们迫切地想要挣脱封建统治的束缚，阶级矛盾被进一步激化。在这个动荡的时代，英国文艺界诞生了许多对法国大革命抱有热情的著名古典主义、浪漫主义诗人，如威廉·华兹华斯（William Wordsworth，1770—1850 年）、珀西·比希·雪莱（Percy Bysshe Shelley，1792.8.4—1822.7.8）等人。而在绘画领域，肖像画受到了上流贵族阶级的热烈追捧，成为用来炫耀资本和高贵地位的奢侈品，其中最被追捧的是英国国宝级画家威廉·荷加斯（William Hogarth，1697.11.10—1764.10.26）。进入十九世纪，风景画则取代了肖像画，成为英国社会的新宠，约翰·塞尔·科特曼旅行写生的水彩风景画作品，在一定程度上促进了英国水彩风景画繁荣发展。

二、理想蒙尘的一生

1782 年 5 月 16 日，约翰·塞尔·科特曼（John Sell Cotman，1782.5.16—1842.7.24）出生于英国诺威奇（Norwich），是一位富裕丝绸商人的长子。童年时期，他在诺维奇文法学校接受了传统的启蒙教育。科特曼的父亲希望把他培养成一名继承家业的绅士，但他本人却一直想要从事艺术行业。科特曼从小就展现出很高的绘画天赋，他着迷于在乡间漫步写生，诺威奇秀美的田园风光滋养了他对绘画的热爱，这种童年时代的记忆图像一直影响着他，并渗透进他一生的绘画风格里。

1798 年，他随家人搬到了伦敦，受到了布莱德韦尔（Bridewell）和伯利恒医院（Bethlehem Hospital）热爱艺术的医生托马斯·蒙罗（Thomas Monro）的赞助。在蒙罗医生用于艺术家聚会的房子里，他遇到了当时正处于英国艺术圈中央的透纳（J. M. W. Turner）、彼得·德温特（Peter De Wint）和托马斯·吉尔丁（Thomas Girtin）。此时的科特曼并没有接受过专门的美术教育和绘画训练，但他凭借着机敏和展现的绘画才能，很快就被大家所喜爱，并被纳入了这个圈子，甚至还加入了吉尔丁的素描俱乐部。这个时期他的绘画技巧开始变得成熟且精湛。

五年后，在英国水彩风景画家托马斯·庚斯博罗（Thomas Gainsborough，1727.5.14—1788.8.2）和十七世纪荷兰风景画家的影响下，他与老约翰·克罗姆（John Crome，Sr.，1768.12.22—1821.4.22）在 1803 年创立了“诺威奇画派”。诺威奇画派的艺术家喜欢以古典、理想的范式来描绘当地的风景，他们不仅在绘画上形成了一定的影响力，在建筑和雕刻领域均有所发展，他们的绘画为英国风景画走向鼎盛做出了一定的贡献。

1803—1805 年，诺威奇画派刚成立的两年间，科特曼在约克郡创作的《格莱塔桥》（*Greta Bridge*）一举成名。从这幅作品中，已经可以看出科特曼早期艺术生涯非常鲜明的个人风格，他喜欢把整幅画面用鲜明的大块色彩切割开，用不同体积的块面表达明暗和边缘，再在精确形状的内部堆积出丰富的层次和微妙的光线。1806 年年末，科特曼离开伦敦，回到了诺威奇进行创作，并定期在诺威奇艺术家协会展出作品。

1812 年，他移居到雅茅斯（Yarmouth），在这里开始了长期的考古绘图员工作。科特曼在三次访问诺曼底，并对当地的历史古迹进行了考察之后，与友人约瑟夫·马洛德·威廉·透纳（Joseph Mallord William Turner，1775.4.23—1851.12.19）合作出版了《诺曼底的建筑古迹》（*Architectural Antiquities of Normandy*）图集。第一卷出版于 1811 年，其他几卷分别在 1817 年、1819 年和 1822 年出版。这本书的出版并不顺利，公众对他的画作并不买账。在 1823 年之后的几年，他经常往返于雅茅斯的南镇（Southtown Yarmouth）与诺威奇之间，在雅茅斯与友人道森·特纳（Dawson Turner）进行专业上的交流，并定期回到诺威奇授课。

1826 年，他回到诺威奇时，他的作品不被当时人们所赏识，再加上他所从事的繁重教学工作，需要投入大量的精力，还会束缚他的创作，这些繁杂琐事使他一度抑郁。从一封写于 1829 年 6 月 26 日的信件中，可以发现他陷入忧郁的情绪之中，信中他这样写道："我对生活的看法已经完全崩溃了，我的思想和身体在反复不断地下沉，每件事都使人疲倦，甚至没有成功的希望，因此精神的丧失等同于绝望。"在生活的烦琐与现实的残酷之下，一位满怀理想与热爱的画家在艺术道路上无法得到肯定与认同，这种为理想背负的痛苦消磨着他的心智。另一封来自他的孩子的信件中，对于科特曼的心理状况有更悲惨的描述："为什么爸爸脸上的笑容带着自责和恐惧，他正被他自己的想象所折磨。"

就在他的孩子写出这封信件的六个月后，他又转变心态，兴致高昂地谈起了诺福克（Norfolk）与萨福克艺术学院（Suffolk Institution）举办的一场座谈会。在困难的生活际遇中，科特曼的友人从未停止对他的关怀，透纳就是其中之一，透纳对他的欣赏态度从他们一起在蒙罗博士的工作室就开始展现出来。科特曼曾制作过透纳一系列油画作品——《斯拉迪勒姆》（*Liber Studiorum*）的铅笔复印品。在科特曼制作的《弗莱姆斯河》（*Rivers of France*）的这张复印品（原作为透纳）上，后来的收藏者在作品背面发现写着："约翰 · 塞尔 · 科特曼；献给我的老朋友，透纳。"两人的深厚友情可见一斑，透纳也时常在往来的书信中为科特曼的怀才不遇感到惋惜。

1834 年 1 月，通过帕尔格雷夫夫人（Lady Palgrave）和透纳的推荐，科特曼被任命为国王学院的绘画教授，于是科特曼回到伦敦。科特曼的精神真正地振奋起来，他感到自己受到了赏识，对事业与前途又重新燃起了信心。

科特曼参加过多次拍卖，但唯一让他感到遗憾的是，他意识到自己的作品不能为自己带来经济利益，与透纳、道森 · 特纳等好友相比，他在商业上一直没有取得很大的成功。尽管如此，他还是在学院工作之余坚持绘画。大量的工作无疑会让人疲惫不堪，但好处是可以充实自己、不再焦虑。1842 年 7 月，科特曼病倒了，同月 24 日他在英国伦敦去世，之后被埋葬在圣约翰伍德教堂（St. John's Wood Chapel）后的墓地里。他的两个儿子，迈尔斯 · 埃德蒙 · 科特曼（Miles Edmund Cotman）和约翰 · 约瑟夫 · 科特曼（John Joseph Cotman）都追随父亲的职业，前者接替他成为国王学院的绘画大师。如今，科特曼的作品大多被收藏在纽约大都会艺术博物馆、伦敦大英博物馆和曼彻斯特城市美术馆中。

三、艺术成就

1. 艺术语言发展阶段

在科特曼早期的作品中，光线具有十足的透明感，后期令其着迷的暖黄色光线已经开始表现出来。其中，1805 年的《地狱大锅：葛瑞塔河上的背阴池》（*Hell Cauldron，Called Shady Pool on the Greta*）就可以体现出这个时期科特曼的风格倾向：清澈柔和的光线伴随风云和水流流淌在画面中，科特曼本身细腻柔软的情绪也体现在色彩中，一笔一画无不体现出自然界的和谐美丽。

随着科特曼绘画技法和风格的愈发成熟，画面中暖黄色的光线更加明显。后来科特曼四处写生，在 1817 年，他第一次去诺曼底（Normandy）之后，可能受到当时法国正盛行的德拉克罗瓦的浪漫主义风格影响，画面保持在鲜亮整体的高色调。创作于 1828 年的《阿伦森的街景》（*Street Scene at Alencon*）就能充分体现这时科特曼纯熟的技法，他在塑造建筑物时始终采用精致细腻的笔触，画幅中建筑物与暖色调的结合带给观者一种奢华亮眼的视觉感受，相比早期整体色调偏灰的作品，这时的画面更加注重明暗的对比和对于空间深度的表达。同时，画面题材也从早期纯粹的风景向着人物、风景、建筑相结合的方向发展。

后来他几次去诺曼底考察写生，作品中也常有对异国风情的描绘。1939 年后，也许是出于心态的转变，科特曼的作品由华美奢华的异国情调风格又转向用朴素手法表现自然风光。伴随着这一次的转变，他的水彩风景画风格稳定下来，以重叠平涂的手法、几何概括的形体、整体统一的色块为标志，一改之前对现实景物的客观摹写，以个人对事物的主观感受进行概括提炼，描绘着充斥在他心中明亮的光线、宁静的天空、静谧的大地、厚重的建筑与轻盈的风，这些能使人感到心神宁静的事物。他在绘画的世界里寻找着自我，在追问艺术本质的道路上不断求索，在最后这个阶段似乎又回到了在乡间漫步的少年时代，怀着一颗纯粹虔诚的赤子之心作画。在他创作生涯的最后几年，水彩画的数量不多，但画幅很大，并且他会将米糊与水彩颜料混合在一起，以获得丰富厚重的浮雕效果。

2. 形式

水彩画

科特曼在水彩画界的地位毋庸置疑，他活跃于英国水彩画发展的黄金时期，是十九世纪英国水彩画的领军人物。他崇尚旅行写生，为推动水彩画的发展做出了巨大的贡献，在伦敦国王学院的教学工作，使他对后来的艺术家产生深远影响。

科特曼热衷于面对自然进行水彩画写生，他几乎完全挣脱了十七、十八世纪水彩画所具有的实用功能，使水彩风景画成为具有承载力的独立画种。他更加真诚地接受大自然的视觉馈赠，并逐渐走向独立的精神王国，进行心灵的交换，自然形象在他的画面中越来越富有秩序感，最终呈现出理想化的“优美”。这种优美似抒情婉约的诗歌，像流淌着朦胧意象的乐曲，在画面中成为“诗意的自然”。“优美”可以说是始终贯穿于科特曼水彩作品中的，其作品中展现出的温和柔软是他独有的风格，无论是深沉的水面，还是厚重的云层，甚至是拙朴的建筑物，在他笔下都拥有细腻的一面。

科特曼作品中优美和质朴的韵味，营造了水彩风景画中的主基调，他忠实记录自然景象，赋予其诗意盎然的氛围。这明显也是受到了十八世纪法国古典主义和荷兰自然主义风景画作品的影响，科特曼将古典主义理性至上的原则外化为对形状和色块的高度概括，将自然主义讲求真诚、面对自然的观点践行到自己的绘画中，在旅行写生时将大自然亘古悠远的气质记录在画面上，这反映了当时“大旅行”时代画家对旅行记忆的图像再现。

科特曼最常采用由浅至深、层叠晕染的技法，这种重叠平涂的技法，以水彩透明轻薄的材料特性为依托，确立了水彩画作为独立画种所具有的独特的本体语言。透明的色块层层重叠，使画面层次感更加突出。从细节的塑造上可以看到跳跃着的细腻碎小的笔触，到最后塑造阶段使用粉感较重、有更强覆盖力的颜料进行提亮或者刻画，同时把握住了亮面的透明感，以及体积与空间呈现的力量感。

科特曼在画面中进一步强化了自然的审美特征，将可见的自然景致进行精简的平面化概括，以当今的眼光审视这种平面化概括的方式，在那个印象主义尚未萌芽的时期，已然是极具现代主义观念的超前意识。科特曼利用分割的几何形式、黑白灰色块的彼此协调，在理性中呈现出安静、简洁、美好的自然风光，让观者感受到那一片远离喧嚣热闹的宁静与淡泊。画面中的树木的轮廓、建筑的外形、栅栏及石块的排列，都不是细碎且分毫毕现的，就连天空或云的形状的呈现都是相当整体明朗的，这种对物象轮廓有意识的几何化处理，以及块面之间强调明暗层次的主观意识，均向我们展现了科特曼内心充满理性的秩序感。他的水彩画巧妙地隐藏或显现光线的柔美，在形态上融入了张弛自在的呼吸感，也在平实的图景中层层过滤了近、中、远景的静谧且和谐的色彩。

科特曼与其好友透纳开辟延展出了两条对于风景画来说截然不同的道路，拓宽了水彩画题材的发展方向，奠定了水彩画在英国繁荣发展的基础。他的画面如同朝阳一样充满着平静内隐的生命力，画面的笔触在理性冷静的表面下隐含着明亮的生机。

蚀刻版画

科特曼不仅创作了大量的水彩画，还有许多蚀刻版画和一些油画作品。科特曼对蚀刻版画也有着浓烈的兴趣，他在 1811 年给友人道森 · 透纳的一封信件中写道：“我决定追随皮拉内西，无论我现在落在他背后多远（I decidedly follow Piranesi，however far I may be behind him in every requisite）。”这封信件的原件现在收藏在大英博物馆的收藏室内。科特曼把握住了皮拉内西艺术风格中的对于结构和形式的追求，但是不同于皮拉内西更为粗犷和大胆的风格，科特曼的蚀刻版画更为细腻、流畅的线条与细节的刻画相得益彰。他在画面题材的选择上基本只有建筑物，即使有人物的痕迹也是作为建筑和风景的附属，作品中呈现出他对建筑结构深刻的理解和对空间概念的熟练把握。

3. 历史地位

科特曼终其一生都坚定地走在绘画的道路上，尽管当时的大众并不认可他的作品，但漫长的历史最终承认了他在水彩画领域中的地位，在今天，科特曼在英国水彩画史上有着极具分量的影响力。历史悠久的英国绘画颜料研发生产公司——温莎·牛顿，其品牌旗下的歌文(Cotman)水彩颜料，便以科特曼的名字命名，世界上第一块块状水彩颜料便是温莎 · 牛顿公司研发生产的。以科特曼的名字命名专业级别的水彩颜料，他的影响力可见一斑。

科特曼从没改变过对于绘画的追求，直到1841年他去世的前一个冬天都还在努力创作，终其一生留下了大量水彩画、蚀刻版画作品、铅笔手稿和一些油画作品。尽管他始终怀才不遇，事业心被现实狠狠挫败，但好在大部分时间里他并不需要为生计发愁。他的家人、朋友们都尽可能地为他提供帮助，生活中的他是充实且愉快的。科特曼爱好外出写生，主张深入自然中去创作，画面中常表达出富有动感的、野蛮生长的植物与敦实厚重的建筑相结合体现出的和谐，他一生都在满怀期盼地求索专业领域的最高峰，在他秀润轻盈的笔触中同时能够体现出风云的缥缈无痕和各地建筑厚重的质感及不同的风格，画面中充斥着一种文人雅士般的高雅审美意味。

不同于友人透纳的作品中激情的笔触和对于自然力量的表现，科特曼眼中的风光是克制且平静的，对于色彩的掌控和技巧的把握无疑可以说是英国水彩画的巅峰水平。画面往往笼罩在统一的调性中，但细细看来却不会显得无聊沉闷。直到今天，科特曼也是英国水彩画界的国宝级画家，雾气弥漫的英国乡间风光被他描绘成笼罩在作品中的朦胧光线。出于对建筑和自然景色的浓烈兴趣，他始终尝试在这些领域展开创作，他的绘画风格几经变化和发展，最终定格在一种朴实朦胧的氛围中，充满了自然中微风与光线营造出的诗意。他的风格对后来的画家影响深远，成为英国水彩画发展历史上至关重要的人物，在这个领域留下了浓墨重彩的一笔。

四、作品解读

图 1-1 这幅作品创作于 1832 年，画作标题的含义到今天都还解释不清，因为意大利境内没有一条河叫科里亚蒂河（River Coriati），于是有人提出这条河流可能是曾流淌于古代最奢侈的城市——古希腊的锡巴里斯城（Sybaris）中的卡拉布里亚河（River Calabrian）。由人物身后墓碑般伫立着的石碑和人物身上红蓝的经典配色大可以感受到这是一幅宗教题材的作品，还是科特曼最为擅长的人物与建筑物结合的场景，整体风格可以看出在古典浪漫的基础上似乎增添了一些随性的色彩。相较于风景与建筑，这幅作品更偏向于强化人物的表现，在构图和用色上采用了相对保守的选择，人物位于画面中心的位置，可爱的孩子趴在母亲肩头的姿态让这对母子的状态看起来放松很多，洋溢着富有烟火气息的平凡市井生活。农民的身体和头部朝向两个相反的方向，这样的站姿使得人物身体充满节奏感。一大一小两个人物的目光看向同一个方向，整体布局中远景的植物、中景的石碑和人物，以及近景的石头、河流组成了形式上的软硬对比。构图上，人物脚下是横向走势的岩石和河流，由人物竖向的站姿和树木的长势相衔接。这幅作品色彩的明暗变化中规中矩，画面中似乎覆盖着一层熟褐色调，这也是画面中古典意味的主要来源，整体色调强调稳重和谐，虽然土地和树干，甚至树叶的部分同是褐色，但科特曼主观处理成了由近到远、由暖到冷的色彩调性的转变。相对于人物身体和面部层次较为丰富的笔触，背景中树木石头刻画得都更加放松，科特曼在暗部用大块面概括的方式带给画面更放松自在、耐人寻味的效果，在光线过度的边缘地带用具体的画法点出了一部分细节取代了明暗交界线，加强了明暗边缘处的丰富性和空间的深入感。

图 1-1
《一位意大利农民在科里亚蒂山谷的喷泉旁》
Italian Peasant at a Fountain in the Valley of Coriati

图 1-2 的局部画面是科特曼在整幅作品中刻画得最精彩也是最为细腻的部分。在画面中他详细地刻画了中景的母子和石碑，用高度简练概括和整体统一的块面来塑造人物和石碑的明暗体积，对人物气质精准拿捏，传达出他想要表达的亲切感和柔美感，可见他绘画功底的深厚。他对细节的感受力，结合自身性格的细腻敏感，画面呈现虽不同于浪漫主义的热烈豪放，却有娓娓道来的温柔静谧，在平静的画面中带有他对世界本质的追求探索和对内心自我的找寻。

图 1-2
《一位意大利农民在科里亚蒂山谷的喷泉旁》局部
Part of the *Italian Peasant at a Fountain in the Valley of Coriati*

图 1-3
《有桥梁的丘陵景观，茹米耶日》
Hilly Landscape with Bridge, called Jumièges

图 1-3 的这幅作品创作于 1831 年，是科特曼创作中期的作品，整体画面都是鲜明亮丽的，天空中鲜明的蓝色和墙面的暖黄色形成了具有透明度和空气感的光线效果，清晰明亮的阳光似乎穿透了画面。科特曼对背景中的建筑物进行了精致的刻画，以此来丰富除人物以外的画面。可以看到，科特曼用较多的笔墨细腻刻画了画面中心的三个拱门，其余的墙面则相对块面化，精致的笔触和概括的块面相结合的手法，营造出简约而精彩的视觉效果。鲜明的冷暖对比色更加体现出科特曼对于色彩的把控，天空中整体的冷色调中带有暖色的光晕，墙面也用局部偏冷色的黄色系呼应天空的色调。画面中偏向左侧的两个人物作为画面中唯一的重色调，以此控制观者的视觉中心点，画面构图中的节奏随着人物的动作向下延伸的同时，又与阴影部分的体积相呼应，形成形式上的严谨与和谐。

图 1-4
《法莱斯城堡，北景》
Castle of Falaise，North View

科特曼在铜版画方面也展现出相当高的艺术成就，内容上多数表现出他对建筑得心应手的塑造。图 1-4 展示的这幅作品是科特曼在他第一次去过法莱斯城堡之后所作，他曾两次访问法莱斯写生。画面中高高的城堡废墟屹立在山丘上，画面的布局由下往上左右两侧涌向画面中心，让观者感受到城堡建筑的威严庄重，只是仔细看去，才发现它已经是残破的，经历了岁月无情的摧残。画面整体构成以细腻整齐排列的短线条为主，视觉上给人一种爽朗透彻的感受。

图 1-5
《有船的海滨》
Seashore with Boats

图 1-5 是一幅科特曼作品中少见的油画作品，画中展现的场景是克罗默海滩（Cromer Beach），这个地方曾是科特曼与安妮·迈尔斯（Anne Miles）1809 年结婚居住的地方。画面内容比较简单，只是几艘小船静静地躺在岸边，但构图却相当精妙，画面张弛有度，仍然体现出科特曼标志性的柔和细腻的笔触，展现出他对把握精妙事物的刻画能力。

《大教堂—耶稣教堂入口》
Norwich Cathedral-Entrance to Jesus Chapel

《诺福克圣玛丽的维格豪尔门口》
Gate-way, Saint Mary's Wiggenhall, Norfolk

《诺曼底埃夫勒附近的纳瓦拉城堡》
Chateau Navarre, near Evreux, Normandy

《荒凉的瀑布风景》
Waterfall in a Desolate Landscape

《大教堂一合唱团北通道的内部向东看》
Norwich Cathedral-Interior of the North Aisle of the Choir, Looking East

《围栏旁的树丛》
A Group of Trees by a Fence

《约克郡谢里夫赫顿城堡》
Sheriff Hutton Castle, Yorkshire

科特曼始终徜徉在自然风景和建筑带给他的富有秩序的美感中，他是英国诺威奇画派的代表人物之一，作品大多表现诺威奇附近的风光、海景和乡村景象，他将典雅的色调与现实主义的自然景观相结合，将理性的优美与几何分割的秩序感相结合。不同于画派创始人约翰·克罗姆（John Crome）对现实世界进行完全写实的概括性创作技法，科特曼为诺威奇画派和英国水彩画界提供了不同的创作灵感，以平面化、几何化的超前观念开辟了水彩风景画具有现代化逻辑的画面语言。诺威奇画派吸引了后来的艺术家，如霍勒斯·塔克（Horace Tuck）、阿尔弗雷德·曼宁（Alfred Munnings）等人，为他们提供了看世界的不同方式及不同的艺术绘画思路。在他任职于伦敦国王学院的教学生涯中，培养出了如但丁（Dante Gabriel Rossetti）这样优秀的英国艺术界的下一代，虽然科特曼的一生在时间的洪流中显得短暂而渺小，但他的绘画作品散发的光芒恒久地照耀至今。

参考文献：

[1] Kim Sloan. Places of the Mind: British Watercolour Landscapes 1850- 1950 [M]. 1st edition. Thames & Hudson Ltd, 2017.

[2] Stanley Fisher. A Dictionary of Watercolor Painters 1759-1900 [M]. 1st Edition. Foulsham, 1972.

[3] Laurence Binyon. John Crome and John Sell Cotman [M]. Franklin Classics Trade Pres, 2010.

[4] Sydney Decimus Kitson. The Life of John Sell Cotman[M]. 1st Edition. Faber and Faber, 1937.

[5] Victor Rienaecker. John Sell Cotman [M]. Cornell University Press, 1982.

[6] David Hill. Cotman in the North: Watercolours of Durham and Yorkshire [M]. Yale University Press, 2005.

[7] 雷勇斌，袁菁嶷 . 英国水彩的流变与解析 [M]. 重庆：重庆出版社，2017.

[8] E.H. 贡布里希 . 艺术的故事 [M]. 广西：广西美术出版社，2008.

[9] 彼得扎格尔 . 牛津：历史和文化 [M]. 北京：中信出版社，2005.

约翰·瓦利

John Varley

1778.8.17—1842.11.17

图 2-1
学生绘制的瓦利肖像

一、激荡的时代浪潮

英国在十八世纪经历了工业革命后，在文学艺术领域催生出浪漫主义思潮，让水彩风景画从实用功能性绘画中逐步摆脱，展示十九世纪的艺术面貌。英国水彩画的主题以风景题材占主导，在浪漫主义的沁润与诸位风景画家的不懈努力下，又得益于意大利古典主义风景画、荷兰自然主义绘画的影响，致使水彩画逐渐呈现出理想化的优美意境。英国水彩画在表现手法上追求自然真实的客观描摹，以水彩表现油画的厚重质感与层次。水彩画水性淋漓的独特属性与英国的湿润气候和田园风光十分契合，在诸位艺术家的不懈努力和自然主义的诗性表达的共同作用下，加之各协会的稳健发展及制造商对光学仪器的宣传推广，水彩画成为独立的艺术门类，在十九世纪形成与油画相抗衡的局面。

随着经济的急速发展、艺术观念的转变，水彩工具因便携等特点成为艺术家外出旅行游历时常用的绘画工具。十九世纪初期英国水彩风景画已日趋成熟，这个时期的水彩画被称为“格鲁吉亚晚期水彩画”（Late Georgian Watercolors，1800—1835 年），它是辉煌的维多利亚时代的前奏，此阶段的英国处于一个发酵和变化的时代、一个工业化进程加快和阶级分化严峻的时代、一个浪漫主义运动高涨和英格兰殖民势力并存的时代。

在水彩画家不断涌现的时代浪潮中，瓦利（见图 2-1）在十八世纪末和十九世纪初的转折点上脱颖而出，转而迎来了英国水彩画的繁盛时期。与同时期的水彩画家相比而言，他以独特的绘画风格和作画技法而与众不同。瓦利致力于专业理论的研究，并出版了水彩画风景的专著、发表了论文，又身为一名教育家为英国水彩画坛辛勤耕耘，是英国水彩画发展早期的重要人物。

二、饱经世故的人生历程

1. 忠于艺术的人生追求

瓦利有着崎岖坎坷的人生，但在人生的错位与选择中，他始终以豁达坦率的态度追求着他所热爱的艺术，以高度饱满的热情投身于艺术的海洋。

1778 年的夏天，约翰 · 瓦利出生于伦敦哈克尼的一个中产家庭，父亲理查德 · 瓦利（Richard Varley）在此经营着一家小酒馆。虽然理查德 · 瓦利曾对他的孩子们说绘画不是一个好职业，但瓦利自小就酷爱绘画与摔跤运动，他对绘画艺术尤其是素描的热爱和勤奋使他在家乡小有名气，也由此影响了他的兄弟姐妹，他的两个兄弟科尼利厄斯 · 瓦利（Cornelius Varley）、威廉 · 弗利伍德 · 瓦利（William Fleetwood Varley）及妹妹伊丽莎白 · 洛比森 · 瓦利（Elizabeth Robinson Varley）最终都因为对绘画的热爱走上了艺术之路。

由于兄弟姐妹众多，家庭经济愈发艰难，自小懂事的瓦利很早就知道帮父母分担家庭的重任。13 岁时他被送到一个银匠家里做学徒，然而家庭的窘境并未改善，甚至在 1 年后父亲因病去世，全家人陷入更加窘迫的境地，被迫搬到霍克斯顿老街（Hoxton）附近的一处更为简陋的住所。此后，瓦利又去了律师事务所做学徒，但他也依然坚持画画，经常在微薄的收入中抽出一部分用以购买纸和笔，或是逃学去学画。由于对绘画的热爱，瓦利毅然辞去律师工作，并在霍尔本的一位肖像画家工作室做助手以谋生。15 岁时，通过他人引荐，瓦利认识了艺术家约瑟夫 · 查尔斯 · 巴罗（Joseph Charles Barrow，1760—1804 年）。自 1789 年起，在跟随巴罗去往彼得伯勒的写生游历中，瓦利拜其为师开始学习风景素描。1798 年，他在皇家艺术学院展出了一幅备受好评的彼得伯勒大教堂的素描后，成为该学院的常驻艺术家，至此瓦利正式走上了绘画的职业生涯。

初出茅庐的瓦利很快就活跃在水彩艺术界，家庭也得以稳定。1803 年，瓦利与朋友约翰（John）的姐姐埃斯特 · 吉斯伯恩（Esther Gisborne）结婚，不幸的是，体弱多病的她于 1824 年去世。1825 年瓦利与第二任妻子德尔维尔 · 洛瑞（Delvalle Lowry）结婚，这是他的老朋友——雕刻家威尔逊 · 洛瑞（Wilson Lowry）的女儿。有两次婚姻的瓦利子女众多，共育有八个子女。1804 年，瓦利与志同道合的画友们在伦敦成立了水彩画协会【后被称为“老水彩画协会”（Old Watercolor Society，OWS）】。此时，二十多岁的瓦利虽年纪轻轻，但已是声名鹊起的画家、最炙手可热的导师，他组建了自己的水彩工作室，力求扭转水彩画依附于其他绘画的现状。

2. 从老水彩画协会到皇家水彩画协会

百家争鸣的艺术盛况

在英国水彩画的发展早期，吉尔丁、科特曼等艺术家们的作品带有强烈的新古典主义和浪漫主义气息，他们的艺术创作极大程度上受益于因技术改进的纸张、颜料和笔刷。大众审美趣味的改变与接连不断的展览，使社会中产阶级对水彩风景画的需求日益增长，当时流行的平版印刷和雕刻插图，使中产阶级积累了丰厚的财富，他们预见并开辟了水彩风景画的艺术市场。那一时期，由于光学仪器的研发、纸张生产技术的进步和多种颜色的选择等多方面的因素，画家们的创作自由度得到提升，当时蚀刻版画制作的产量比水彩画更高，但是画家们独一无二的原创作品却更受到普罗大众的青睐。

艺术市场的大量需求和不稳定性带来的是各类协会的建立与更迭。首先诞生的协会是“自由艺术家协会”（Free Society of Artists），它成立于1760年，是一个鼓励艺术家进行高质量和高产量艺术创作并开拓其商业市场的机构，但因为协会内部的矛盾及社会的竞争导致它在1783年解散。同在1760年成立的还有“英国艺术家协会”（Society of Artists of Great Britain），而后以科特曼为首的“诺威奇画派”（Norwich School）成立于1803年，一直活跃到1830年。1804年，老水彩画协会（Old Watercolors Society）成立，由于该协会具有排他性，一群不被认可和被排挤的画家在1807年形成了一个与之对立的机构，即“新微型水彩画协会”（New Society of Painters in Miniature and Water-Colours），该协会在1812年因经济破产而告终。各类协会的不断组建，形成了一个百家争鸣的艺术盛况，在众多成立的协会中，唯有老水彩画协会最具生命力。

历久弥新的老水彩画协会

1804 年，在牛津街的一家咖啡厅里聚集了一群人。水彩画业界颇有建树的约翰·瓦利与弟弟科尼利厄斯·瓦利，以及塞缪尔·谢利（Samuel Shelley）、威廉·哈维尔（William Havel）、弗朗西斯·尼科尔森（Francis Nicholson）等十六位水彩画家共同组织并创办了老水彩画协会。他们起草了协会的主要宗旨和目的，建立了明确的作品销售制度，该协会旨在提高艺术创作者的社会地位，并提出“水彩画可以作为单纯的绘画”的主张，引导艺术家们探索水彩技法，使之与油画相媲美，还通过定期的大型展览稳固艺术家地位，用展览的方式提高其艺术作品的商业价值，顺势带动年轻艺术家。自老水彩画协会成立以来，瓦利一生在此共展览作品七百多件。

1813 年，老水彩画协会的元老成员们聚集在瓦利家中，将老水彩画协会更名为“油画·水彩画家协会”（Oil Painting and Watercolor Society），瓦利担任该协会的主要导师，他被公众认为是这个时代杰出的教育家，其声誉不亚于早期的保罗·桑德比（Paul Sandby）、格洛弗（Glover）等人。该协会站在艺术家创作的立场上极力扩大其社会声誉，并保障经济基础，从而让各阶层的绘画精英聚集于此，成为水彩画的行业标杆，鉴于其巨大的影响力受到了官方正统的重视，于 1881 年更名为“皇家水彩画家协会”，一直沿用至今。老水彩画协会的成功意味着水彩画彻底摆脱地形图、雕刻及印刷的附属品或素描的单色辅助形式，标志着水彩画本身正统化，开始具有艺术审美价值，成为雅俗共赏的艺术类别。

若要在时代的洪流中保持稳固的地位，必迎合时代的需求去其糟粕，毫无疑问老水彩画协会接受了时间的洗礼与锤炼。在维多利亚时代，它被称为“老水彩画协会”（OWS）。瓦利在其中任教时培育了威廉·穆拉迪（William Mulready）、约翰·林内尔（John Linnell）、牛津大学的威廉·透纳（William Turner）、塞缪尔·帕尔默（Samuel Palmer）、科普利·菲尔丁（Copley Fielding）、大卫·考克斯（David Cox）、彼得·德温特（Peter Devant）等著名的水彩风景画艺术家，他们在风格形成过程中得到了瓦利的大力引导。

3. 对占星术的狂热爱好

瓦利对于友人而言最大的吸引力之一便是他对占星术的专门研究和实践。瓦利也因为对占星术的狂热而被 A. J. 芬伯格嘲讽：“一个以占星术自居的画家，这种草率轻浮是不可原谅的。”也有人批评他在南肯辛顿（South Kensington）所画的一些作品，认为与他当时艺术家的名声地位不符。但这些言论从未影响瓦利对占星术的研究。

瓦利成为占星家后，占星术一度成为他与人交际的手段之一。他每天都极力保持自己良好的星座运势，并随时准备与他人交流一番。有时也会用占星术来预言生活中的某些不测，据说已被证实的预言有保罗·穆拉迪（Paul Mulready）在六十岁遭遇的致命交通事故，艺术家柯林斯（Collins）的不幸离世，威廉·沃金斯（William Vokins）和他自己工作室遭遇的火灾。

英国浪漫主义代表画家威廉·布莱克（William Blake）是瓦利的好友，布莱克声称自己常能看见一些异象，这些异象给了他绘画和诗歌上的灵感，他认为这是上帝给他的某种指示。瓦利对布莱克关于一些异象的故事着迷，于是他们在 1819 年合作完成了《有远见的领导》（*Visionary Heads*），瓦利基于布莱克描述的异象，为书中的历史和神话人物绘制了素描人物角色（见图 2-2、图 2-3）。在 1828 年编著了制有插图的占星术作品《黄道相》（*A Treatise on Zodiacal Physiognomy*）（见图 2-4、图 2-5、图 2-6）。

这段时期约翰·瓦利与布莱克合作绘制的人物角色共有三本素描集，《布莱克—瓦利速写集》（1967 年发表）、《布莱克—瓦利素描本》（1989 年发表）、《布莱克—瓦利写生簿》。

图 2-2
《建造金字塔的人》
The Man Who Built the Pyramids

图 2-3
《爱德华六世》
King Edward VI

图 2-4
《跳蚤的幽灵》
Ghost of a Flea

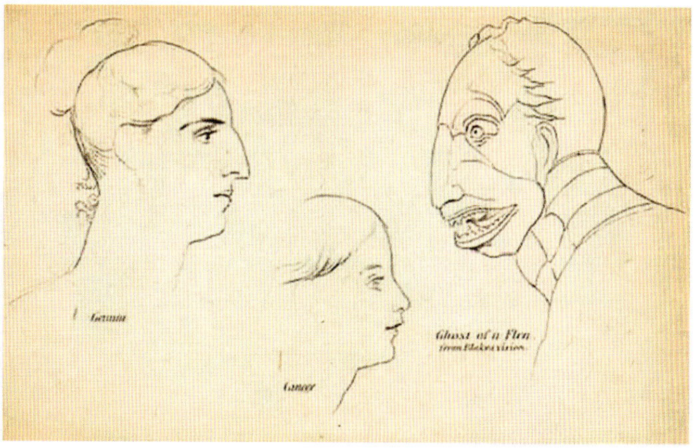

图 2-5
《黄道相》
A Treatise on Zodiacal Physiognomy 中的头像

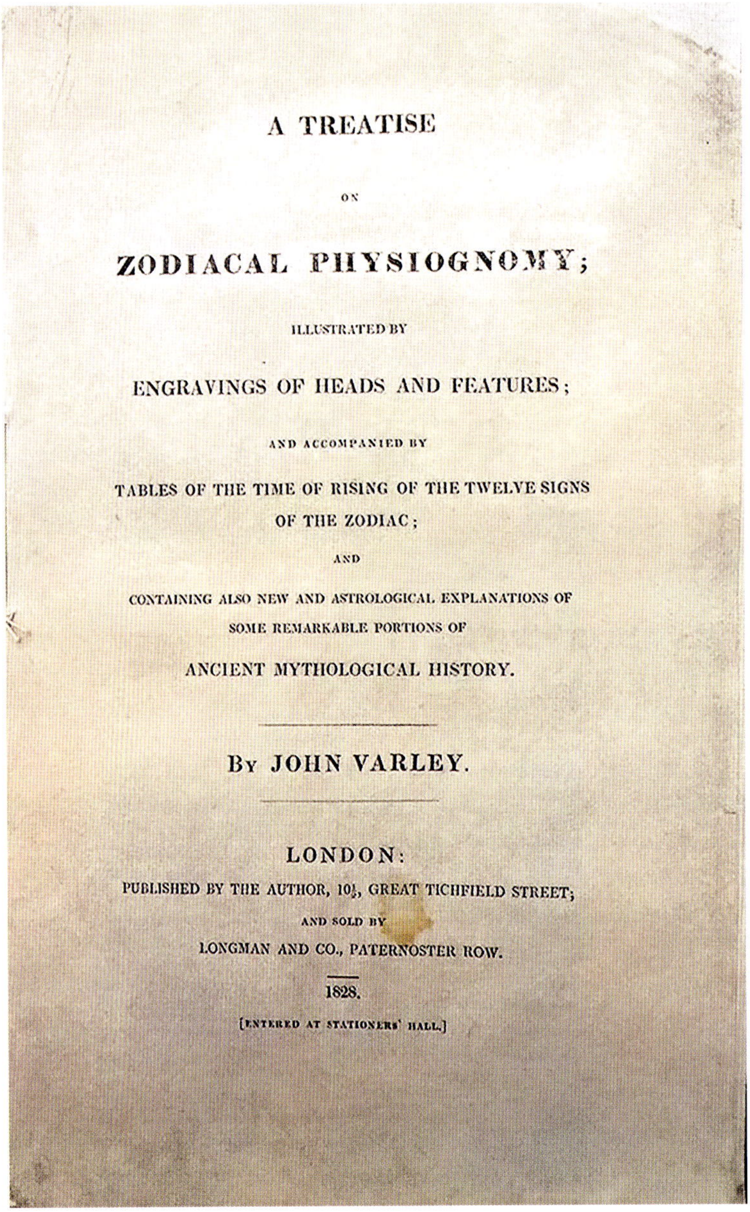

A TREATISE

ON

ZODIACAL PHYSIOGNOMY;

ILLUSTRATED BY

ENGRAVINGS OF HEADS AND FEATURES;

AND ACCOMPANIED BY

TABLES OF THE TIME OF RISING OF THE TWELVE SIGNS OF THE ZODIAC;

AND

CONTAINING ALSO NEW AND ASTROLOGICAL EXPLANATIONS OF SOME REMARKABLE PORTIONS OF

ANCIENT MYTHOLOGICAL HISTORY.

BY JOHN VARLEY.

LONDON:

PUBLISHED BY THE AUTHOR, 10½, GREAT TICHFIELD STREET;

AND SOLD BY

LONGMAN AND CO., PATERNOSTER ROW.

1828.

[ENTERED AT STATIONERS' HALL.]

图 2-6

《黄道相》

A Treatise on Zodiacal Physiognomy 的书籍内页

4. 落寞的晚年生活

声誉卓著的瓦利喜爱社交活动，他把自己的家当作一个社交的场地，常在此结交各行各业的精英人才。他虽是教师但跟学生之间的关系非常融洽，犹如朋友兄弟一般，他热情严谨、自信幽默，所有枯燥无味的课程与严肃的话题都因他的人格魅力变得趣味横生。

日益壮大的工作室、各种的朋友、庞大沉重的家庭，以及众多学生的不断消耗，导致中年后的瓦利在经济上超负荷运作。尽管性格外向，但瓦利对金钱一向漠不关心，他的个人生活极其节制，很多人慕名与他结交，其中不乏存在对他的名誉和金钱虎视眈眈的人。在工作室经历了几次火灾，同时遭遇一些居心不良的人落井下石后，穷途末路的瓦利晚年贫病交加。晚年的他因欠款还曾经历牢狱之灾，潦倒的生活把他折磨得苦不堪言。1842 年。瓦利不幸去世，享年 64 岁，死后被安葬在肯萨尔绿野公墓（Kensar Green Field Cemetery）。

三、冷静理性的绘画语言

瓦利的绘画生涯可大致分为三个阶段。早期受到托马斯·吉尔丁（Thomas Girtin）精致笔触和丰富灰色调的影响。中期是他艺术成就的主要阶段，风格受好友约翰·塞尔·科特曼（John Sell Cotman）的影响，画面更加平面简练。晚期也许是生活的逐渐不顺，让他在绘画上也惨淡，使他继续坚持绘画的动力是记忆中反复出现的威尔士山风光，只单凭记忆对其进行不断的摹写，所以晚期的作品是一种程式化的图式。

1. 师承关系影响绘画风格

名声显赫的蒙罗博士（Dr. Thomas Monro，1759—1833 年）把吉尔丁标榜为他最好的门徒，瓦利也曾接受过蒙罗博士的指导和建议，他早期的绘画受朋友吉尔丁的影响较大，包括细腻的灰色调及细节刻画的部分，例如，《泰晤士河畔的风景》（*The View from the Thames*）。瓦利更爱用较宽的板刷作画，他继承了吉尔丁的晕染技法，简化其琐碎的细笔，研究出宽而平坦的洗涤方法，初步形成平整、理性的绘画笔触。在光影方面，瓦利通过冷暖色的晕染制造出变化微妙的灰色，再用明暗的反差突出对比，集中加强了在某种天气状况下景观的氛围效果，光效也愈加强烈。

1812—1830 年可概括为瓦利艺术生涯的中期，他从克劳德（Claude）和普桑（Poussan）等前辈的古典风景画中学习其低角度线性透视的构图法则，拉低地平线保持画面的稳定效果，使得地平线以上的空间广袤无际，以增强画面开阔沉稳的视觉感受。

在处理画面时，瓦利把细碎的东西凝结为整体的平面，取景分割得秩序井然，克制而理性，展现出舒适的秩序美。这些变化是受科特曼影响的，科特曼擅用抽象的色彩图形，造型极其严谨，色彩具有强烈的浪漫主义风格。瓦利的平面化风格受其潜移默化的影响，取景造型注重抽象的原则，会安排圆形与方形、规则与无序、暖色与冷色的对比，以平衡画面的视觉效果，运用概括的平面归纳自然界丰富的色彩变化，凝练出画面的整体感，用色块并置的方法去刻画景观中的细节。

吉尔丁的绘画大气而精致，科特曼的风格浪漫主义气息浓烈，而瓦利使用色块并置的方式让画面呈现出一种平面的张力，更注重风景中理性思绪的表达，蕴含着他对自然的独到见解。生活化的题材，平铺直叙的板刷笔触，概括凝练的绘画手法，极具空间感的广角视野，这都是他的作品在英国众多田园风景画中极具辨识度的主要特征。从果断的笔触与广角镜头的视野中，得以窥见瓦利在复杂的人际圈与风云莫测的命运中，始终保持着广阔的思维方式和仁义的胸怀。

2. 纯真朴实的绘画主题

朴实的日常生活和富有诗意的风景是瓦利钟爱的两大主题。相较于吉尔丁的古典式遗迹和科特曼的理想化风景而言，他将目光聚焦在更为普通的城市和乡村地区，那里充满了内敛质朴的日常生活细节。瓦利认为，淳朴的乡村生活、诗意的田园风光、湖水远处的神秘空间是自然风景最平凡、最真实的面貌，在层次分明的景色中缀以日常的人影，使画面更具强烈的人文气息。这些绘画观念与吉尔丁笔下宏伟情绪和浑厚的建筑遗迹相去甚远。

1799年，瓦利访问了北威尔士山，身处旷野的高山风景中，他的内心激荡起回归自然与平静沉思的情绪，这种情感的牵引迫使他执笔描绘。在经历人生的不断辗转之后，瓦利也曾多次回到此地寻找艺术的灵感。此处景致开阔平远，成为与他绘画技法相契合的主题，开阔的景色与层层的实景空间都是瓦利深入研究和表现的内容。也是由于他和好友多次在北威尔士山上写生创作，他开始探索用怎样的方式去表现和还原大自然震撼心灵的效果。

瓦利的作品足以证明此时的风景画在绘画方式与观念较早期水彩画有突破性飞跃，他们都受到“水彩可以模仿油画的质感与厚重”观念的影响，这也成为水彩画表现质感、细节及更加壮美的艺术风格的时代需求。艺术家们笔下的风景已经完全摆脱地形图与插图等纪实功能的束缚，他们更喜欢接受大自然礼赠的优美风景，具有独立的审美特征，更有寄情于景的意味。

3. 用“日光”凝练出平面色块

“自然光是风景画的首要因素”作为一条法则贯穿了瓦利绘画生涯的始终，几乎所有的作品都在研究不同的日光下风景呈现的不同色彩。他认为，光线是一幅作品的先决条件，有了光才有世间万物，才有画面的黑白灰与具体样貌。

瓦利的作品中以日光为主要依据来组合并放置色彩、图形。有大量的景观在光的影响和瓦利主观视野的处理下被弱化色彩变化，不强调具体的细节，只剩下值得考究的整体轮廓，又在整体的色块上进行分层叠加，增加点状的笔触以丰富画面，这种统一色调的方法属于归纳法。而他在进行层层叠加时简化对象的立体光感，增强画面的黑白对比，有种因强烈日光照射而形成的平面化效果。湖水面和天空用薄而平的简洁色块概括，显得轻盈明快，有时会略做叠加以突出光效，这些通透的色块依据光影变化被编排出强烈的节奏感。

受日光影响，建筑桥梁会在画面中形成明暗两种状态的几何图形，配合灌木树林不规则外形，达到一种刚柔并济的和谐。在远景的处理或突出风景的空间层次时，会运用一些条带状的线条来强化空间视觉效果，前景的人物或船作为装饰的点来活跃画面，打破这种过于平整的感觉。沉静低垂的地平线，平面理性的笔触都受到古典主义的影响。日光在他的作品中把自身对自然的神秘情绪联结在一起，吸引观众进入瓦利笔下静谧理性的风景，似乎其中还隐藏着某种他看待世界和人生的态度。

4. 自然光的研究与后世艺术流派的联系

众所周知，十九世纪六十年代兴起的印象派对光线的研究除了科学技术进步的原因，还得益于十九世纪三十年代兴起的巴比松画派的影响。印象派与巴比松画派反对学院派的室内作画，他们力求表现大自然的真实和动人的美景，自然光成为画面极其重要的影响因素，这些观念最早可溯源到十九世初期英国水彩风景画对大气光效的研究。

光是风景画亘古不变的主要因素，瓦利率先提出风景画中最重要的因素是自然光。在他的作品中，光影不用来强调个人的主观情感、不具有任何理想化修饰，以尊重和表现自然真实的光影关系为主要方向，追求朴实生动的画面效果。这一主张在瓦利的学生们身上也体现得淋漓尽致，例如，他的学生大卫 · 考克斯对光影的关注，短促复杂的笔触与印象派的绘画语言有极大的相似特征，还有科利普 · 菲尔丁表现海洋风景的作品，歌颂自然景观的壮丽。瓦利对光的研究也是基于弟弟科尼利厄斯 · 瓦利的，他是英国水彩画家和光学仪器制造商，他发明了图形望远镜和图形显微镜。在技术不断进步的时代，各类光学仪器等辅助设备的研发推广和气象学研究的不断完善，吸引了更多艺术家的关注，兴起一股研究自然光线和大气变化的潮流。

由于瓦利在艺术和教育领域享有很高的声誉，他与透纳、吉尔丁及其他画家有着密切的联系，他的学生考克斯与康斯太勃尔也交流甚多，在这个圈子里，他们的绘画观念相互传递、彼此影响。英国水彩风景画最终发展成以透纳和康斯太勃尔为时代巅峰，描绘自然空间中流光转动的大气效果、气势如虹的自然风景。透纳作品中绚丽的色彩、充满隐秘力量的光影与难以辨别的具体物象，为印象派和巴比松画派提供了新的创作思路与手法。

瓦利与透纳等人的风格深深植根于浪漫主义绘画中，他们对自然光影的研究与巴比松画派、印象派的艺术面貌已经具有某种特殊的联结，或许早已为巴比松画派、印象派的艺术主张埋下伏笔。瓦利热衷于表现自然界存在的一切，他描绘自己的所见所闻，将田园风光、周遭的生活化场景用直抒胸臆的方式呈现出来，这也是印象派、巴比松画派走出室内进行对景写生所倡导的原则，并且正是由他们践行到真正的艺术实践中。因此，英国水彩画的发展是艺术史上不容忽视的一段历史，而瓦利的艺术风格及研究成果值得我们深入地研究和学习。

5. 宽幅画纸在水彩画中的应用

"广角镜头"容纳百川

瓦利用他的水彩笔记录着这个时代美丽的英国乡村风光。因此，他更偏爱选择视野宽广的景深、层次明晰的角度、宽幅的画纸进行作画。他把包容性极强的广角镜头应用到绘画中，以增强画面的空间想象力。

这种视野辽阔的风景作品犹如广角镜头下定格的风光，所有的景观物象以极其有序的方式浓缩在画面中，画面空间感得到延伸，层次也得以丰富。这种全景式构图更注重的是作品整体的气势与空间关系，并不着重表现某处风景和人物形象的细节，所以人与景因距离的拉伸变得很渺小遥远。在这种视野下，前景成为画面的重点，使得远景和地平线退却得很遥远，更容易把空间较为狭隘的风景表现出强烈的远近效果，给人以远眺的视觉感受。小小的纸张包罗万象，把关于画面的想象蔓延到画外，让观者的视线与心灵不禁被广袤无垠的田园风光所震撼。

宽幅画纸如电影宽荧幕

宽幅画纸的应用类似于电影宽荧幕的使用，它更适应人两只眼睛水平视角的观看方式，拓宽人眼左右的视觉区域，具有一种立体环绕的视错觉。这是瓦利想要表现他在北威尔士山游历时的真实体会，他在创作前用移动的眼光观察周围的风景，在画面中模拟人在山景中被环绕的感受，风景在绘画的纸张上犹如被展开的全景照片。在有限的范围内具有扩大视野、包容更多景观的能力，增加临场的真实感受。因此，宽幅画纸更加契合表现大自然的景色和人物众多的场面，这项成果较早地在瓦利的风景画中被实践。他认为，巧妙地把宽幅纸张与自然风景结合起来，能增强自然景观的表现力，还原人对周围事物与景观的感受，增强观者对风景作品的代入感，这是他研究风景画的一大成果。风景在宽幅纸张中从纵向、横向两方面得到视野与想象上的平远延伸，再点缀零星的人物增添人文气息，瓦利试图通过笔下辽远而又无垠的景象唤起观者的沉思与冥想。

与国画长卷形式的对比

在绘画上，宽幅纸张在中国画的应用历史更为悠久，它是中国画特有的绘画形式，承载了画面视点转移与场景结构衔接的特殊功能。采用长卷的形式更多是因为中国画采用散点透视，注重画面意境，形式感极强。中国画的长卷横向展开，宽度得到充分延伸，因此在场景构图上区分疏密节奏，简括而平面的空间布局体现的是古人对时间和空间流变的思考。它自右向左作画的方式和巨幅尺寸决定了卷收展放的观看方式。中国画的长卷作品尺寸巨大、气势恢宏，能够承载宏大的叙事场景，也能包容和表现祖国山河的无限壮美。

而反观英国水彩风景画受纸张加工技术的限制，以小尺寸的作品居多，几乎全以视觉集中的某个范围进行取景构图，观者的视线受尺寸和画家单一视角的限制，不具有视线转移的效果。瓦利敢于转变绘画技巧，打破了英国水彩画史中用常规尺寸来构图的传统，成为第一位选取宽幅画纸作画的水彩画家，足以证明他的创作形式和思维方式与绝大多数的画家不同。在所有人一味表现精致细腻的小幅风景与古典建筑时，他冲破固定比例纸张的限制，使用宽幅画纸呈现作品，让观者的视线在画中与画家依据自然景色营造的主观意境有流动变化的交互感。

瓦利开创性地在水彩画中使用宽幅纸张，他在宽幅和矩形的纸张上深入实践，最终选用包容性极强的宽幅纸张来呈现风景，甚至影响了后来的一些画家，菲尔丁也在他的影响下延续使用了宽幅画纸。用郭熙所言“铺舒为宏图而无余，消缩为小景而不少”来形容瓦利的风景画再好不过，虽然尺寸不大，但能用小尺寸的宽幅纸张表现英国田园风光的静谧祥和、空旷辽远。

四、闻名于世的艺术教育家

瓦利是水彩风景画理论与实践的奠基者，1815 年他通过自己描绘平原开阔视野的风景而梳理出一套自己的风景画法则，并发表了《透视艺术的实用论文》(*A Practical Treatise on the Art of Drawing in Perspective*)。随后，他在 1821 年发表论文《风景画原理》(*A Treatise on the Principles of Landscape Drawing*)，1828 年出版了《景观设计原理》(*Landscape Design*)（见图 2-7、图 2-8）。这些论文和著作中，主要阐述了瓦利在自身绘画习惯与思维方式中总结整理出的绘画技法及构图策略：如何用线性透视规则在平面纸张中构建广袤平远的空间视野，如何用光把自然界中的细枝末节及丰富的色彩用概括的方式归纳得简洁整体。这些著作直接成为他教授课程的教材，后来的风景画家们在这些理论法则中继承衣钵。

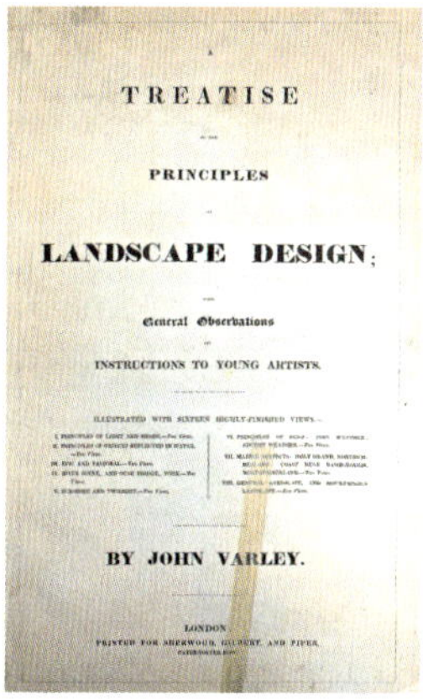

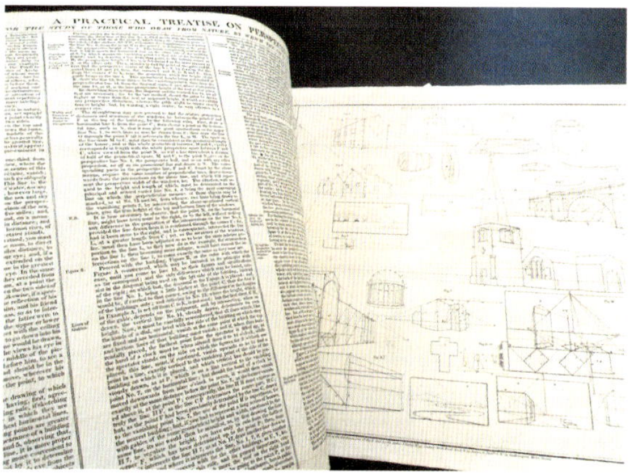

图 2-7（左）、图 2-8（右）
《景观设计原理》（*Landscape Design*）书籍的图片

瓦利倡导在自然界中直接写生的教学方式，他鼓励学生们在户外直面自然景观进行写生作画，也提倡风景如画的理论。在教学中，瓦利首先跟学生们强调风景画中构图的重要性，提出了所取自然之景需要适应构图的要求。其次是对光的关注，他认为，“伟大的团结原则迫使我们考虑将日光的影响视为主要因素，将景观作为第二考虑因素，颜料与纸都作为表现光的媒介”。

在当时技术有限的情况下，艺术家们在一定程度上可以被称为“技术控”，他们都会研究自己感兴趣的材料和表现方法。瓦利提倡更自由地使用色彩和灵活多样的创作方法，他独创的快速平铺的水洗方式在当时广为流行，但这里的“洗”并非洗掉颜色，而是指在一个较大的空间覆盖颜色，而非一笔就能覆盖的，通过水色相互浸染之后趁湿延续，不能留下衔接的痕迹，可以有意识地从亮色到暗色，形成平稳柔和的色调，这种方式在今天被称为“湿接法”。科特曼、菲尔丁、考克斯等人延续革新了这种平铺水洗的方式。

常在户外工作的瓦利曾花很多时间来克服纸张难以把握的特性，他建议他的学生们尽量使用质地较粗糙的厚纸张，若使用较薄的纸张，就需要把它裱在板上，做成纸板的效果，以防作画时纸张变形，这种方法沿用至今。瓦利也和学生们一起研究各种颜料的属性和最佳的使用方法，例如，他会在黑暗浓重的颜色里加入阿拉伯树胶，赋予他们一种更厚重的质感。瓦利曾与学生一起研究颜料并制作了色彩清单（见图 2-9、图 2-10），其中详细介绍了 19 种颜色的特征性质、建议用量等，这份清单现存于大英博物馆。

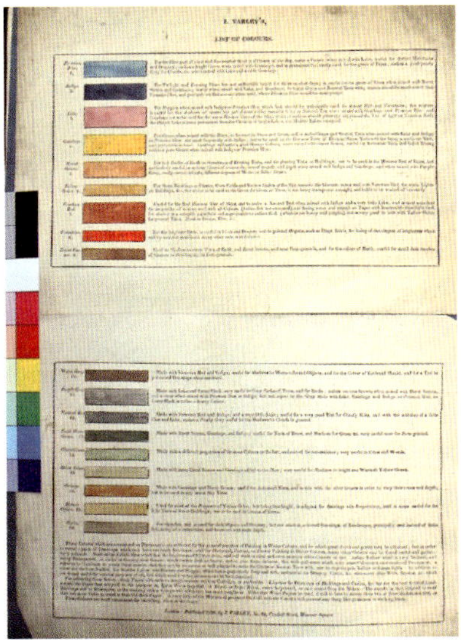

图 2-9（左）、图 2-10（右）
约翰 · 瓦利制作的色彩清单

五、作品解读

图 2-11
《远眺彼得伯勒大教堂》
Overlooking Peterborough Cathedael

图 2-11 这幅作品完整地体现了瓦利处理风景的技巧与方式。瓦利使用了宽幅画纸便于延伸空间视野，画面视角自湖水上方眺望至河岸远处隐匿在朦胧夕阳中的城堡，这条极具跳跃感的视线在瓦利精心构置的画面中富有节奏感。前景水面用笔刷平整地归纳出水面的黑白灰节奏，至中景的水面上有条柔和的白色，留白处的光泽与天空的余晖相呼应，加之左边抵挡阳光的围墙而营造出画面的整体氛围，并根据光线的影响来塑造左边背光的围墙及画面右边被阳光普照的树林，非常注重整体中细腻变化的色彩关系。从瓦利的这件作品中也印证了他热衷于研究自然天气下的光线变化，同时根据夕阳光线变化，远处的景致会笼罩在一层稀薄湿润的空气中，呈现出冷色的弱剪影效果。这一处理手法也与瓦利在教学中所主张的风景画中光影是首要因素、其次表现景观的形式内容的理念契合。所画之景皆用简略概括的笔触表达其形象，注重景观的整体轮廓。瓦利运用低角度和精确的线性透视，特别巧妙地处理了湖水沿岸的趋势走向及正驶进弯道的帆船。远处的建筑并未作为画面主体刻画，有意弱化了地形上宏伟建筑的纪念意义和风景的理想化气氛。

图 2-12
《有城堡的海湾》
The Bay with the Castle

图 2-12 这幅作品尺寸不大却表现出海湾城堡磅礴而立的气势，是一幅难得的小幅风景佳作。瓦利的作品最大的特点是画面具有一种“整”的和谐关系，既有丰富的色彩变化，又有几何分割的平面效果。他不单是使用色彩的高手，对水彩技法的使用也炉火纯青，直接晕染的设色方式、精准到位的二次叠加及枯笔和白颜料的使用，增添了画面质感。

我们可以把这幅作品区分为天和地两个部分来看。从远处海岸线以上的天空，用晕染和叠加的方式就把低矮云层和空气湿润暧昧的气息栩栩如生地表现出来。天空丰富的色彩变化被笼罩在第二层的颜色中，有着微妙的冷暖变化，叠加时的笔触与云层的形状又不谋而合，远处的海岸线前方荡漾着几只帆船，瓦利十分高明地用留白的方式加几笔深褐色来塑造，风和日丽的晴朗天气和小船随波逐流的感觉跃然纸上。

再看由远而近的海面和陆地，从留白的海岸线起，中景至前景的地面仍采用晕染设色的方法，没有硬朗的衔接边缘，丰富变化的色彩却尽收纸上。山上的城堡与海面上的阴影连为整体，叠色的笔触偶有飞白，给阴影部分留有几处山脉形状，让暗部也具有空气感。这整片的阴影刻画十分精彩，山坡向前突出的趋势与海湾下沉的感觉在整片阴影中都被完美地显现，寥寥几笔的渔船与零星的人物形象真实生动。这里的渔船上含蓄的边缘线和水面使用了白颜料，海面的白色形状准确地勾勒出海湾的沿岸，它的颜色与旁边细小人物所留的亮色相比形成了两种不同的质感。前景的地面上，在画面最靠前的部分瓦利大胆地使用了黑色，增加了空间关系与画面厚重感，在这片黑色上有一笔让人感觉像是不小心划上的白色笔触，其实这是作者有意而为，这笔白色会让人联想到画面之外更广阔的空间。

《哈莱奇城堡和特温渡轮》
Harlech Castle and Twgwyn Ferry

《诺森伯兰郡班博罗城堡》
Bamburgh Castle, Northumberland

《威尔士的风景与城堡、湖和前景的岩石》
Landscape in Wales with Castle, Lake, and Rocky Foreground Pupil

《卡那封城堡》
Carnarvon Castle

《威尔士的风景与山脉、湖泊、城堡和两个人物 》
Landscape in Wales with Mountains, Lake, Castle and Two Figures in the Foreground Pupil

《建造船只》
Boat Building

《有两个人和远方小镇的海滨》
Seashore with Two Figures and A Distant Town

回顾瓦利64年的光阴人生，他从逃学去学画画的毛孩子终于蜕变为水彩协会的中流砥柱，教书育人，桃李满天下，孕育了英国水彩画辉煌的艺术成就。在人生巅峰如众星捧月之时，他仍心无旁骛地沉迷于绘画。命运的捉弄却让曾经名噪一时的瓦利在晚年无人问津，他伟大的艺术人生最终溃败在病痛的躯体、人性的黑暗面与社会的冷漠之下。然而，瓦利的风景画呈现的却是与现实对立的另一个世界，令人醉心的空旷神秘的自然之境，或许他以此回避现实的困难，聊以慰藉。从瓦利的处境能映射出当时的社会城市化进程与阶级矛盾的激化，让他无所适从，反而激起了一种逃避现实、回归自然的本性。

站在世纪伊始的转折点上，瓦利独特的表现技法与突破性的宽幅风景拓展了水彩画的表现方法与形式，壮阔辽远的风景体现的是他直面人生风云变化的坦率态度，他在绘画形式和技法上的创新突破和别具一格的艺术理念带动了英国水彩画发展的历史进程。在此之后，英国即将迎来水彩画最鼎盛繁荣的时期。

参考文献：

[1] Lionel Lambourne. British Watercolours in the Victoria and Albert Museum [M]. Sotheby Parke Bernet, 1980.
[2] Stanley Fisher. A Dictionary of Watercolor Painters 1759–1900 [M]. 1st Edition. Foulsham, 1972.
[3] Martin Myrone. Watercolour in Britain [M]. Tate Publishing, 2010.
[4] 雷勇斌，袁菁嶷 . 英国水彩的流变与解析 [M]. 重庆：重庆出版社，2017.

奥兰多·诺里

Orlando Norie

1832.1.15—1901.5.16

一、生平经历

奥兰多·诺里出生于苏格兰著名的绘画世家，他的祖先是著名的风景装饰画家詹姆斯·诺里（James Norie，1684—1757 年），他的父亲著名画家罗伯特·诺里（Robert Norie，1720—1766 年）为他取名奥兰多——这是查理曼大帝（Charlemagne）的圣骑士罗兰（Paladin Roland）的意大利名字。奥兰多出生在爱丁堡，幼年时他随家族一起移居欧洲，并在比利时的布鲁日度过了他的童年。奥兰多·诺里出生在苏格兰的世家，这使得他从小就接受着艺术的熏陶，对于艺术的感知能力比其他人更为强烈。他在父亲罗伯特的指导下学会了画画。大约从 1870 年起，他就在汉普郡的奥尔德肖特镇（Aldershot）开设了一家工作室，甚至将自己的工作室提供给英国军方，作为军事训练场使用，以便能够更加方便地研究他所热衷的军事题材。他所创作的许多作品的原型正是那里的一些军官或士兵。他对于辉煌繁荣的英国始终怀有敬仰之心，据说诺里曾志愿加入于 1859 年成立于爱德华斯特林的艺术家步枪队——一支由画家、雕塑家、音乐家、建筑师组成的预备队。

也许正是由于帝国的强盛感染了他，奥兰多·诺里对军事题材产生了浓厚的兴趣，奥兰多是十九世纪英国军队中最为多产的军事题材画家，据统计，他一生曾绘制了超过 5000 幅作品，其中大部分都是交由著名的鲁道夫·阿克曼（Rudolph Ackermann，1764—1834 年）公司代为刊登的。

二、少年得志

少年时的奥兰多·诺里活泼好动且善于观察和记录，他经常在人来人往的街道上观察着行人的神态、着装，以及来往的马车和田野间的小动物，并以写生的方式进行记录。16 岁时，奥兰多就为一本有关沿海国家及国旗的册子绘制了插图。奥兰多以一丝不苟的钻研精神对待绘画，人物衣服上的每条褶皱，或是马匹身上每块健硕的肌肉和凸起的骨骼都逃不过奥兰多的眼睛。由于大量的写生积累，奥兰多对于大场面创作的把控能力也愈加熟练，从开始的三两行人变为数个结伴踏青的年轻人，后来又是整条街道的车水马龙乃至人山人海的市中心广场。

年少的奥兰多对水彩画产生了浓厚的兴趣，那时正值水彩画发展的顶峰时期。他独自前往英国，第一次亲眼见证了辉煌帝国的繁荣景象，并在回国后开始系统地钻研和学习英国水彩画和古典主义绘画。1853 年，英国、法国、奥斯曼帝国、撒丁王国等国家先后向腐败的俄罗斯帝国宣战。

20 岁出头的奥兰多受到了这场战争的感染，带着饱满的热情开始创作一系列以克里米亚战争为题材的水彩作品。

在那时，着重于描绘军人形象和制服的绘画印刷品在整个英国十分流行，与其他印刷品一样，通常以书本形式出版，但也作单独销售。最早由鲁道夫 · 阿克曼公司出版的托马斯 · 罗兰森（Thomas Rolandson，1757—1827 年）的 87 张《伦敦忠诚志愿者》（*The Loyal Volunteers of London*，1797—1798 年）标志着十八、十九世纪英国军事战争题材经典时期的开始，越来越多艺术家开始涉足军事战争题材。

图 3-1
《阿尔玛之战（克里米亚战争）》
The Battle of the Alma（*Crimean War*）

图 3-2
《英克曼之战》
The Battle of the Inkerman

1854 年，奥兰多先后完成了《阿尔玛之战（克里米亚战争）》【*The Battle of the Alma（Crimean War）*】（见图 3-1）、《英克曼之战》（*The Battle of the Inkerman*）（见图 3-2）和《巴拉克拉瓦之战》（*The Battle of the Balaclava*）的创作，由于其作品完成度之高、场面之宏大和史诗一般的气质，一经发表便获得好评，奥兰多也得以声名鹊起。

满足往往会扼杀灵感，然而年轻的奥兰多并没有被声誉和金钱冲昏头脑，也没有停止对于水彩画研究的脚步。奥兰多将自己在奥尔德肖特的工作室提供给英国军队作为军事训练场，他也得以更加近距离地通过观察记录军人的服装形象和军旅生活来充实他的创作。

三、与鲁道夫·阿克曼公司结缘

鲁道夫·阿克曼公司是由英德书商、出版商、印刷商和发明家鲁道夫·阿克曼创立的出版公司，自十八世纪末开始，阿克曼为了开拓自己的印刷和书籍出版业务，汇集了诸如奥兰多·诺里、亨利·马腾斯（Henry Martens，1790—1868 年）、理查德·辛金（Richard Simkin，1850—1926 年）、托马斯·罗兰森、约翰·布鲁克（John Bluck）、西奥多·莱恩（Theodore Lane，1800—1828 年）、亨利·辛格尔顿（Henry Singleton，1766—1839 年）等才华横溢的艺术家，为水彩画、油画、版画等艺术门类在欧洲大陆的传播做出了巨大的贡献。

1854 年秋天，奥兰多以克里米亚战争为主题所绘制的一系列作品引起了专业人士和大众的注意。起先，伦敦的鲁道夫·阿克曼公司印刷并出版了三幅艾德蒙·沃克（Edmund Walker，1805—1868 年）制作的彩色平板版画，而这三幅版画正是以奥兰多的作品《阿尔玛之战（克里米亚战争）》《英克曼之战》和《巴拉克拉瓦之战》为原型的。

随后，奥兰多的作品《阿尔玛之战（克里米亚战争）》受到了鲁道夫·阿克曼公司的赏识，并以印刷品的形式被刊登，那是他的作品首次获得外界的认可，而那一年，奥兰多还只是个 22 岁的小伙子。紧接着，奥兰多的作品《英克曼之战》和《巴拉克拉瓦之战》的印刷品也出现在人们的视野之中，并且全部都是由鲁道夫·阿克曼公司印刷并刊登的。

事实上，鲁道夫·阿克曼公司的赏识对奥兰多的成功来说是至关重要的。1859 年，鲁道夫·阿克曼公司出版了奥兰多的一幅大型作品《英国军队》（*The British Army*），画面由大量的轻骑兵和步兵组成。这幅作品一经出版便大获成功，于 1863 年出版了第二个版本，并交由当时著名的雕刻家 J·哈里斯（J Harris）对作品中的士兵形象进行雕刻。

在接下来的三十年中，鲁道夫·阿克曼公司发表了许多奥兰多的作品，包括 1860 年创作并交由 J·哈里斯雕刻的《阿克曼的志愿者》（*Ackermann's Volunteers*）；1869 年创作并交由 W·萨默斯（W Summers）雕刻的《阿克曼的皇家海军》（*Ackermann's Royal Navy*）、交由 P·兰杰（P Rainger）雕刻的《诺里的第 42 号高地人》（*Norie's 42nd Highlanders*），以及 1882 年创作的《印第安特遣队》（*The Indian*

Contingent），这幅作品描绘了维多利亚女王（Queen Victoria）的第三个儿子康诺特公爵（Duke of Connaught）率领英国军队在埃及战役（Egyptian Campaign）中与印度军队交战的情景。

四、"战争诗人"

在维多利亚统治时期军事题材绘画的浪潮之中，奥兰多·诺里是最勤奋和多产的画家。他的作品被视为强盛的大英帝国的象征，但在奥兰多的作品之中，除了恢宏的战争场面，我们还能读到什么呢?

奥兰多于1867—1858年考察并绘制了《印度兵变》(*Scenes of the Indian Mutiny*)。其中记录了一项野蛮而又残酷的刑罚，名为"叛乱分子即将被孟加拉国马炮轰掉"。从十七世纪的印度穆戈尔王朝（Mughal India）开始，这种刑罚就一直应用在兵变和叛乱分子身上。自此，奥兰多开始将绘画意图的重心转移到对战争残酷面貌的揭露上。

1882年，奥兰多在皇家学院展出了他的《乌伦迪之战：祖鲁战争中第十七长矛兵团的冲锋》(*Battle of Ulundi: Charge of the 17th Lancers's during the Zulu War*)。1884年，展出了他的《特尔—艾尔克比尔之战》(*Battle of Tel—el—Kebir*)。奥兰多还为许多军队历史书籍和军装图册绘制了插图和封面，比如为《威尔士王妃约克郡团第四民兵营》(*The 4th Militia Batatalion the Princess of Wales's Own Yorkshire Regiment*)创作的《亚历珊德拉·马奇》(*The Alexandra March*)。

1887年，维多利亚女王邀请奥兰多在她的禧年庆典上绘制皇家游行队离开白金汉宫时的场景。于是有了《王子骑兵队》(*Cavalcade of the Princes*)，这幅作品细致描绘了英国、德国和俄罗斯的王子及公爵三人并排在皇家马车前领骑的场景。奥兰多以他非凡的技巧和能力绘制了这一盛大典礼的场面。

毫无疑问，凭借着扎实的写生和造型能力，以及对军装、军人形象的熟练掌握，奥兰多能够出色地完成每幅作品。但是，抛开技法层面，更深层的东西才是使得奥兰多在那个年代能够脱颖而出的根本。细细品味每幅作品，我们看不到鲜艳夺目的色彩或是任何企图在技法上诱惑观众的肤浅要素，看到的是奥兰多付诸苦心的经营和安排，每个士兵、每匹战马、每片硝烟甚至每把闪着寒光的刀剑，仿佛史诗一般凝固成一个安静而永恒的瞬间，使每个观者都能沉浸到画面中。

我们仿佛能从奥兰多的作品中看到那个繁荣帝国的昔日之景，仿佛亲历每场硝烟弥漫的战争，听到士兵的怒吼和战马的嘶鸣，看见枪林弹雨从身边擦肩而过和炮弹落在地上溅起的每粒尘土。然而，当这一切定格在一个无声的瞬间，定格在奥兰多 · 诺里的画纸上时，却又看见了奥兰多用诗人的心境，轻轻地向我们诉说着牺牲者的苦难和哀伤。

奥兰多的表达方式是晦涩和隐匿的，但同时又是充满深意的，奥兰多逝世距今已有一百余年，然而他的作品却一直流传在世上，那是他对战争的残酷和苦难无声却又最有力的控诉。

图 3-3 是奥兰多创作的《拿破仑战争》。

图 3-3

《拿破仑战争》

Battle Scene during the Napoleonic Wars

五、军旅生涯

据说由于对于军旅生活的热爱，奥兰多·诺里曾加入“艺术家步枪队”。艺术家步枪队于1859年在伦敦成立，是英国陆军预备队的一个团。其最早是由意大利革命者和自由主义者菲利斯·奥西尼（Felice Orsini，1819—1857年）成立的，初衷是和英国联合潜入法国对拿破仑三世发起袭击，其成员包括职业画家、音乐家、演员、建筑家和其他从事艺术创作工作的人。它最早的指挥官是英国著名肖像画家亨利·温德姆·菲利普斯（Henry Wyndham Phillips，1820—1868年）和英国画家、雕塑家弗雷德里克·莱顿（Frederic Leighton，1830—1896年）爵士。艺术家步枪队在此后约一个世纪中表现活跃，尤其是在第二次布尔战争和第一次世界大战期间，赢得了许多战斗荣誉。

艺术家步枪队的帽徽十分精美，选用了罗马诸神马尔斯（Mars）和密涅瓦（Minerva）的侧面肖像。在服装方面，选用了以浅灰色为主，带有白色装饰和银色纽扣的设计，而这种设计一直沿用到1914年。我想，也正是在艺术家步枪队中生活的这些年，奥兰多·诺里才得以精进自己对军装、军人形象和军旅生活的认识，并将其转化为自己的艺术养分，在众多描绘军事题材的艺术家中得以占据一席之地。

六、“日不落帝国”的军事题材艺术

军事题材艺术的内涵囊括了军队形象、军旅生活、战争场面等。这种题材可以追溯为发达文明中最为古老的艺术题材之一，因为统治者们总是热衷于庆祝自己的胜利，其目的无非是壮大声势并威吓敌人或潜在的敌人。一般而言，我们看到的军事艺术大致分为以下几种——记录战争场面的、描绘军人形象的、展示军装种类的和描绘平民苦难的。这样的分类大致呈一种随时间发展的趋势——从最早的以一个战地记者的视角纪实和客观记录战争场面，到由鲁道夫·阿克曼公司引领的“军装潮”，再到后来揭露和批判战争的丑恶面目。

军事题材艺术的发展几乎贯穿了整个艺术史，从古埃及到中世纪再到拿破仑战争，直至十九世纪发展到了顶峰，并从二十世纪开始，美化战争这一现象已经不再存在，艺术家们开始着力于揭露战争的残酷和阴暗面。

当我们谈论军事战争题材，生活于十八、十九世纪的西班牙浪漫主义大师弗朗西斯科·戈雅（Francisco José de Goya y Lucientes，1746—1828年）笔下的战争是我们无法避而不谈的。戈雅的著名作品如《1808年5月3日夜枪杀起义者》（*El tres de mayo de 1808 en Madrid*）和版画系列作品《战争的灾难》（*The Disaster of War*），拒绝美化战争，而是直接、深刻地揭露了战争最残酷和丑陋的一面。

与之不同的是，奥兰多·诺里笔下的军人形象大多穿着整齐挺拔的军装，骑着英姿飒爽的战马。画家经常着眼于军人在生活中的各个瞬间，而并非仅仅是战斗时的场面。在他的作品中，从未出现一丝血腥暴力或者肢体横飞的内容，我们反而经常能看到风和日丽时军人巡逻、相互交谈的场景，或者被战士们骁勇善战、一往无前的勇气所感染。奥兰多像一个诗人在谱写诗歌一样，用他的画笔安静地描绘着他笔下的军人、士兵形象。

虽然同为控诉，但戈雅的画面往往是尖锐的一针见血，而奥兰多却用他创造的恢宏史诗安静地诉说。造成这种鲜明差异的根本原因无疑是两位艺术家所处时代背景的不同。

奥兰多所处的大英帝国在光荣革命之后，以全新的姿态挑战欧洲头号强国路易十四统治的法国的霸权，连续投入两场遏制路易十四称霸欧洲的战争并取得了巨大成功。在那之后，英国在保证欧洲大陆力量格局基本均衡的同时，开始以海外扩张为手段进一步稳定和壮大自己的霸权力量。在七年战争胜利后的1763年，英国首次骄傲地自称“日不落帝国”。

1815年英国取得了拿破仑战争的胜利，进一步加强和巩固了其在国际上的军事和政治强权地位。其后伴随着第一次工业革命的完成，当时的英国无论在经济还是军事力量上都如日中天；成为世界工厂，确立了经济霸权，无可辩驳的世界强权掌握在英国手中。因此，1815年百年战争胜利之后，英国在能够保证人民生活富足的同时，也时常发起一些侵略扩张的战争，而这也是奥兰多开始对战争进行控诉的原因。

至此，维多利亚时代的大英帝国步入了全盛时期，而奥兰多的作品在那个时代也开始被视为繁荣帝国的象征。

七、水彩画的“黄金时代”

不仅如此，水彩画经过三百余年的发展变化，由早期用于记录和纪实的地形景物图发展成一门独立的绘画形式，从钢笔淡彩发展到色彩十分丰富的画种，最终发展到繁荣时期在世界画坛中占据一席之地。这不仅仅是靠几位艺术大师的努力，而是要靠几代艺术家一生不断地为艺术奉献、追求更高的艺术境界才能够达到的。

十八世纪后半叶到十九世纪，英国水彩画开始走向繁荣，新一代艺术家们在原有的古典主义的基础上，催生出了一种新的创作思路，使得感情在画面上占据了一定的地位，抒情主义的感性和怀古主义的理性相辅相成，在保持理性的同时开始注重通过主观表达抒发人们的情感。而奥兰多 · 诺里以自己独特的理性视角，将自己对军旅生活的热爱和向往借由画笔抒发出来。那是一种隐匿又含蓄的表达方式，将自己心底最真挚的情感埋藏于每根线条和每块色彩之间，用理性表达感性，又让感性藏于理性之间。

奥兰多见证了十八和十九世纪英国水彩画艺术发展的顶峰，此时的英国水彩画界技法和观念日益成熟，由此涌现出了大量精致典雅的水彩作品和优秀水彩画家，这些作品和艺术家使得水彩画在英国绘画历史上占据了十分重要的地位。在这样一个“黄金时代”，奥兰多如“战争诗歌”一般的军事题材绘画作品又恰恰迎合了当时社会的审美趣味，这些因素的结合让他的作品有着不错的市场。无论是他笔下充满朝气和活力的军人形象，还是气势非凡的战争场面都成了那个盛极一时的英国的象征，他本人也成了维多利亚时期“日不落帝国”的形象在艺术领域中的图腾式人物。

八、作品解读

图 3-4
《巴拉克拉瓦之战》
The Battle of the Balaclava

图 3-4 的这幅水彩作品名为《巴拉克拉瓦之战》，发表于 1854 年 10 月 25 日，描绘的正是这场战役中最为精彩的一个瞬间。这是一场于 1854 年夏天发生的战役，双方势力分别为英国、法国和土耳其联盟军队与俄罗斯帝国。在奥兰多的描绘下，战场上似乎出现了一边倒的局势，英国、法国与土耳其联盟军队的轻骑兵们脸上满是笃定和英勇，一往无前地迎着敌人炮火的猛烈攻势向前冲锋。他们高举手中的兵刃，仿佛发出了激昂的怒吼声，呈现出的正是一种势如破竹、向死而生的气势。画面中的敌军士兵神态各异，有些已经精疲力竭地倒在地上，有些在节节退败时还在拼死抵抗。而画面中最为精彩的则是与联盟军队接触的几个人，他们倒在铁蹄之下，仿佛已经丧失了战斗的决心、失去了必胜的信念，其中一个人已经跌倒在地，一手撑地，一手护头，满脸恐惧，疾驰的马蹄似乎即将从他的身体上踏过。

奥兰多采用了一个旁观者的角度，看似冷静而理性地描绘了这个无比生动的战斗场面，作为十九世纪英国最为勤奋和多产的军事题材水彩画家，奥兰多十分出色地将人物的神态和激烈的场面凝结在了画面之上，无论是跃然纸上的双方军队，还是神采奕奕的骏马形象，都毫无保留地展示了他作为画家深厚的绘画功底。

画面采用了横向构图，仿佛激烈的战斗一直延伸到了画面以外的宏大场景，给人留有想象的空间。整体构图集中在画面偏下部分，赋予了物体重量感，使得画面更具稳定性。在造型上，每笔都可见画家对于人物、动物、衣服结构等形体的深刻理解，可见其在技法上的醇熟。用色方面较为单纯，最前方的主体物用集中的色彩进行了塑造，利用水彩的特性使得后方的场景更为透亮，不仅营造出气体流动的通透感，更加深了整个战斗场面的空间深度，似乎气势浩荡的联盟军队正在战场上驰骋而过，扬起了一阵尘土。然而，实际上巴拉克拉瓦之战在当时的英国国内引起了一阵舆论哗然……

图 3-5
《巴拉克拉瓦之战》（局部）
Part of *The Battle of the Balaclava*

图 3-5 是《巴拉克拉瓦之战》（局部），高举手中刀剑的骑兵和他胯下神勇无比的骏马正是画家想要表达的主体，战马蹄向前抬起，似乎下一秒就要飞跃起来，呈现出胜利者的姿态。而画面左侧的俄罗斯帝国军队正环绕着一门野战炮，但这门威力十足的重火力武器并不能带给他们胜利的信心，此刻只能狼狈地逃窜，后方那无数明晃晃的刺刀渲染了战争的恐怖气氛。

九、战争原貌

那么历史上真正的巴拉克拉瓦之战到底是什么样的呢？回溯这场战役的原貌，对于我们了解奥兰多·诺里这位生活如谜一样的画家能够起到怎样的帮助呢？事实上，当时的战况对于联盟军队而言并不乐观，由于后方指挥的犹豫不决、判断失误而导致战机被延误，错过了重创俄罗斯帝国军队的最好时机，于是英方联盟指挥官拉格伦勋爵要求士兵们拖走俄罗斯军队的野战炮，这个命令虽然被执行了，但最终没有成功。英国年轻的士兵们就这样无谓牺牲了，陪同拉格伦勋爵一同观战的法国指挥官说道："太美了，只可惜这是一场战争。"确实，这场从一开始就不可能成功的冲锋如烟花一般短暂、急促，军人们心怀飞蛾扑火、向死而生的意志高喊着口号一往无前地冲了上去，又在猛烈炮火的洗礼中一个接着一个倒下。这场战役显然燃起了奥兰多胸中的激愤之情，于是他似乎凭借自己的想象，以一个看似冷静的旁观者的视角，创作出了这样一幅慷慨激昂的作品。在奥兰多心中，年轻的英国士兵没有倒下，而是挥舞着锋利的兵器，高举胜利的旗帜一举攻破了俄罗斯帝国的防线，将战局逆转，然而，这样一番史诗般惨烈而又激动人心的景象只能永远地停留在奥兰多·诺里的画纸上。

《1854 年 9 月 20 日，克里米亚战争期间，冷溪守卫在阿尔玛战役中》
Coldstream Guards at the Battle of the Alma on 20th September 1854 during the Crimean War

《尼古拉斯二世抵达巴尔莫勒尔》
Arrival of Nicholas II at Balmoral

《1854 年 9 月 20 日克里米亚战争中阿尔玛战役中的法国炮兵》
French Artillery at the Battle of the Alma on 20th September 1854 during the Crimean War

《法国义勇军：1854 年 11 月 5 日克里米亚战役中的印克曼战役》
French Zouaves: Battle of Inkerman on 5th November 1854 in the Crimean War

《1854 年 9 月 20 日，克里米亚战争期间的阿尔玛战役中，法国总司令圣阿尔诺元帅的参谋》
Staff of the French Commander-in-chief, Marshal Saint-Arnaud at the Battle of the Alma on 20th September 1854 During the Crimean War

《1854 年 9 月 20 日阿尔玛战争》
The Battle of the Alma on 20th September 1854

《皇家意大利马炮军官》

Royal Canadian Horse Artillery Officer

《印度兵 1857 年在海德拉巴起义》
Sepoy Rebellion 1857, Hyderabad India

《乌贼与战马（插图）：与德里，卡什米尔门的暴风雨》
Sepoys and Fighter Horse(illustrated):and the Storming of the Kashmere Gate, Delhi

《1858 年 3 月 21 日印度叛军支援勒克瑙》

The Indian Rebellion Assist of Lucknow, 21st March 1858

《敦刻尔克，狂欢节》

Dunkerque, Le Carnaval

《1858 年 5 月在巴雷利的印度叛军第 6 龙骑兵队》
The Indian Rebellion 6th Dragoon Guards (Carabiniers) at Bareilly of May 1858

《俄罗斯皇帝和皇后离开巴尔莫勒尔宫》
The Departure of the Emperor and Empress of Russia from Balmoral

《巴尔干村庄大屠杀》
Massacre in A Balkan Village

《第 93 萨瑟兰高地军团攻下贝古姆科提城墙》
The 93rd Sutherland Highlanders Storming the Walls of Begum Kothi

奥兰多·诺里本人是充满复杂矛盾的，虽然他的生活是安定而富裕的，但他依然愿意用画笔为那些无端受到战争伤害的平民百姓发声。

可以说，正是因为那个社会稳定和谐、人民生活富足的“日不落帝国”，才造就了诸如奥兰多·诺里、理查德·辛金和亨利·马腾斯这样一批优秀的军事题材画家。与其说奥兰多是一位满怀激情的战地记录者，不如说他是一位可以冷静面对战争的观察者。在他的视角下，我们看不到身临其境的热血或者想要以身替之的激情。即便是最为激烈残酷的战争场面，在奥兰多画笔的描绘下，我们竟也读到了隐藏在对抗、冲突之下的理性与温和。奥兰多的笔触十分节制，造型严谨，也没有浓烈夺目的色调。对于军事题材来说，这样的克制与理性是十分难能可贵的，由此可见，奥兰多并不想过多地将战争的激昂情绪传递给观者，而是以一种客观记叙的手法来处理画面，像是安静地讲故事一样将彼时的场景摆在我们眼前。

其实，在维多利亚统治时期，许许多多有才华的或者天赋不足但愿意为艺术奉献一生的艺术家，他们不仅在英国发展，更是深刻影响了欧洲大陆的其他国家，在水彩画发展的浪潮里，无数艺术家或者艺术运动正是受到了他们的启发。

奥兰多·诺里的水彩画代表作有《阿尔玛之战》《英克曼之战》《巴拉克拉瓦之战》《从港口出发的第八十六兵团》（*The 86th Regiment Embarking from a Port*）、《拿破仑战争》（*Battle Scene during the Napoleonic Wars*）、《奥斯特里茨战役期间乌迪诺师团对维特蒂根村庄的袭击》（*The Attack on the Village of Wertigen by Oudinot's Division, during the Battle of Austerlitz*）、《丰特斯—德奥尼奥罗之战》（*Battle of Fuentes de O'oro*）。其中，《丰特斯—德奥尼奥罗之战》被加拿大皇家军事学院收藏；《拿破仑战争》和《奥斯特里茨战役期间乌迪诺师团对维特蒂根村庄的袭击》被维多利亚和阿尔伯特博物馆收藏；在皇家收藏中有他的 38 幅作品；同时，他的绘画作品出现在英国各地的许多军队、博物馆和军事俱乐部中。

这位勤勉一生的水彩画家于 1901 年逝世，享年 69 岁，他的坟墓就在敦刻尔克的老公墓之中，毗邻英国联邦战争公墓。直至今天，我们仍然可以在英国军团博物馆和俱乐部中看到许多他的作品。

参考文献：

[1] Lionel Lambourne. British Watercolours in the Victoria and Albert Museum [M]. Sotheby Parke Bernet, 1980.
[2] H. L. Mallalieu. The Dictionary of British Watercolour Artist up to 1920 [M]. Antique Collectors' Club. 1978.
[3] 彭蓉．英国水彩画的发展历史和特色 [J]. 大众文艺，2013(6): 106.
[4] 刘汝醴，刘明毅．英国水彩画简史 [M]. 上海：上海人民出版社，1985.

朱塞佩·奥雷利

Giuseppe Aureli

1858.12.5—1929.8.9

一、衰落的辉煌时代

意大利从十四世纪一直到十八世纪的几百年间一直引领和影响着世界的艺术发展，包括绘画、雕塑、建筑、音乐等。从达·芬奇、米开朗琪罗到莫迪里阿尼、莫兰迪等，许多杰出的艺术家创造了盛极一时的辉煌时代，到十八世纪以后，意大利逐渐从平淡走向没落，世界艺术的中心由意大利的佛罗伦萨逐渐转向了威尼斯和法国的巴黎。意大利艺术的衰退和世界艺术中心的地域转换有着各种复杂的原因，但最为重要的是十八世纪的意大利还是由许多大大小小的城邦国家组成的，这些城邦之间常年的战乱，以及封建藩镇割据使得意大利的社会动荡不堪，十八世纪末爆发的拿破仑战争及频繁出现的鼠疫疫情，更是给并不稳定的意大利社会雪上加霜，当然在一定程度上破坏了其经济、文化、艺术的发展，再加上意大利人对其历史时期的辉煌艺术的过度崇拜，使得其艺术思想日益保守和故步自封，这极大地阻碍了文化艺术的发展，甚至可以说是处于倒退的状况。

意大利浪漫主义绘画的产生起源于十九世纪欧洲启蒙思潮，但学院派艺术由于有着封建统治阶级的支持，仍然高居正统地位，与古希腊神话和古罗马的历史有关的题材，以及描绘贵族家族的肖像画依然是画家们创作的主体，这种对十五世纪以来传统绘画法则的继承就成了当时绘画心照不宣的现象。这种绘画样式的代表人物有卡姆奇尼（Camchini）、安克历哥拉（Ankeligora）、巴控奇（Barca）、乌西（Ussi）等，他们的作品从一个侧面反映了这个阶段的绘画状态。

在经历了 4 个世纪的分裂后，十九世纪的意大利开展了民族独立、国家统一运动，十九世纪六十年代，意大利王国宣告成立；1871 年 7 月，意大利首都从佛罗伦萨迁至罗马，标志着意大利最终实现民族统一。独立战争的胜利，使得意大利资本主义得到了空前的发展，意大利与欧洲世界开始联通，文化艺术又一次繁荣起来，于是，这个时期各种艺术思潮和绘画样式开始涌入意大利，如新艺术运动、东方主义绘画、现实主义运动等，这些新的艺术观念和绘画样式给意大利艺术带来了深远的影响。

当各种艺术运动进行得如火如荼时，学院派的历史画家们却在为自己人物繁多的大场景绘画呕心沥血。在他们的绘画中，古希腊神话和古罗马史诗已不再重复，他们将目光投向了独立战争、宫廷秘闻及历史事件。在他们的画作里，凡人取代了神，平民取代了英雄；鲜艳的色彩、明亮的光线是他们作品的主要视觉追求，而严谨的构图，结实、准确的人体结构，刻画得丝丝入扣的细节等，又都充分显示了他们深厚的绘画功力。如具有诗人气质的安德烈 · 凯鲁比尼（Andrea Cherubini，1833—1905 年），热衷于表现战争的帕历兹（Paris），以及善于表现宫廷和贵族华丽生活的朱塞佩 · 奥雷利（Giuseppe Aureli）等画家，他们的创作取材广泛，形成了一个风格样式各异的历史画家群。

与帕历兹热衷于战争题材，安德烈 · 凯鲁比尼迷恋于古典主义题材不同，受过学院派系统训练的朱塞佩 · 奥雷利不仅对历史绘画有着深入的研究，还擅长东方主义题材的创作。在他的东方主义作品中，贵族们在宫廷中的生活场景，画面中出现的异国乐器、貂皮、摩洛哥陶瓷和温室植物等都被刻画得栩栩如生，具有浓厚的装饰意味，深受外国艺术市场的喜爱。而在历史题材绘画中，奥雷利展示了他精湛高超的水彩技艺。他赋予了大型场景以生命，所有的细节展开在眼前，这些都充分显示了他深厚的学院派绘画功底，使他成为意大利十九世纪水彩画艺术的代表人物之一。

二、生平经历

朱塞佩 · 奥雷利是意大利著名的水彩画家、油画家，同时也是一位才华横溢的版画和素描艺术家。他在 1858 年 1 月 5 日出生于罗马，彼时意大利正处于王朝战争的末期，也是全国民主革命浪潮如火如荼的时候。他的童年在战争中度过，直到 12 岁那年意大利民族统一战争的胜利，他和家人才在战乱中稳定下来。

早在战争时代，童年的朱塞佩 · 奥雷利就展现了极高的绘画天赋。青年时期，他在家人的支持下顺利进入了罗马圣卢卡学院（Accademia di San Luca）学习绘画。这所建于十六世纪，拥有悠远历史的学院，也是曾经的罗马教皇艺术研究院，在当时就是众多艺术家的聚集中心和艺术殿堂，学院培养了众多优秀的艺术家，这里曾经走出来过像梅尼基诺（Domenichino，1581—1641 年）、贝尼尼（Giovanni Lorenzo Bernini，1598—1680 年）等艺术巨匠。这些前辈大师的影响伴随了朱塞佩 · 奥雷利的一生，给予了他充分的艺术养料。

在圣卢卡学院，朱塞佩·奥雷利受到了老师彼得罗·加尔齐尼（Pietro Galzini，1856—1896年）和切萨雷·麦卡里（Cesaro Maccari，1840—1919年）的指导，接受了启蒙教育和系统的学院派绘画训练，老师们严格的美术教育帮助他打下了坚实的绘画功底。

十九世纪七十年代末，青年时期的朱塞佩·奥雷利遇到了老师加布里尼（Gabrini），这位老师对他的绘画产生了深远的影响。加布里尼是当时著名的历史题材画家，他一生都在从事历史重构的绘画工作，在历史题材的绘画上有很大的建树，被美国史学家比尔德称为"高贵的梦想"。"历史重构"这一概念盛行于十九世纪，强调客观性，通过广泛收集整理历史资料，考证其真实性及准确性，以还原历史为最高目标，在进行历史研究、文学及绘画创作时，排除个人情感、身份地位、民族背景、政治立场等主观因素，要求严格精详，以求真的态度重建历史的本来面目。我们在朱塞佩·奥雷利的作品中可以明显地看到，他将老师的这种史学观很好地继承了下来。

朱塞佩·奥雷利的努力和天赋受到了老师加布里尼的器重，老师很喜欢这个聪明用功的青年，不留余力地指导他如何进行历史研究和重构历史场景。朱塞佩·奥雷利很快就掌握了创作历史绘画的技巧和方法，他继续沿着老师的道路深入研究这方面的题材，并于1883年在罗马美术展上首次展出了《1500年被任命为狩猎者》，凭借着精湛的绘画技巧，扎实的造型功底，以及对大型历史场景的真实还原，备受评论家和史学界的好评，一时间广为人知，从众多艺术家中脱颖而出。而这次展览也使他成为欧洲十九世纪历史绘画修复的主要代表人物，从此开拓了他的艺术生涯。

此后的几年，朱塞佩·奥雷利继续进行历史重构绘画的工作。1884年在都灵，他展出了著名的历史题材画作《1562 年12月17日》，描绘的是伊曼纽尔·菲利贝托于圣昆汀战役后返回都灵的场景。伊曼纽尔·菲利贝托（Emanuele Filiberto，1528—1580年）是一名精明强干的优秀将领，绰号为"铁头"的萨伏依公爵，这幅作品受到了人们一致的赞扬和肯定。两年后在罗马，朱塞佩·奥雷利展出著名的油画《奥斯塔长矛兵》（*Caricadei Laucieti Aosta*），该画描绘了在充满活力和紧张氛围的卫城战役中的喧闹场面，这幅作品为他在学院派绘画中赢得了一定的声誉。

1886—1893 年，有了一定名声的朱塞佩 · 奥雷利开始受邀参加各种艺术协会的展览和活动，而这段时间也是他绘画创作的黄金时期，其载入意大利美术史中的数件作品都是在这段时间创作的。在这段时间，罗马艺术爱好者协会聘请了奥雷利作为艺术顾问，来指导会员们学习绘画和创作作品。期间，他经常鼓励和指导艺术爱好者们进行创作，还和他们共同展出作品。此外，他还在老师加布里尼的推荐下，进入另一个在当时意大利极为重要的艺术委员会——罗马省议会大厅的翁贝托一世和玛格丽特女王肖像委员会，在十九世纪八十年代到二十世纪初，他参与了委员会的大量贵族和宫廷题材的肖像作品绘制，使他在贵族阶级中有了一定的知名度。

1888 年的慕尼黑国际展览使他在外国的艺术市场上取得了巨大成功，买家和收藏家闻名而来，各地的艺术机构和协会也邀请他前去参加各种国际展览。于是朱塞佩 · 奥雷利不得不长期奔波在国外，因为繁重的工作，就在那一年的年底，他开始了居无定所的搬迁生活，去了博洛尼亚、巴黎、慕尼黑等城市，其中，巴黎是他非常喜欢且居住较长的城市。

当时的巴黎是欧洲世界的文化艺术中心，在巴黎的这段时间，他开始致力于贵族题材的创作，因为在贵族阶级中的知名度，他受到了法国宫廷的委托，亲临了法国纳瓦拉亨利国王（Henry of Navarre）和瓦洛瓦（Maroiet Valois）的婚礼现场，在 1888 年年底创作了《亨利向玛格丽塔的求婚》（*Henry Proposes to Margarita*），并在博洛尼亚展出了该作品。第二年，他在巴黎展出了该系列的第二幅画《亨利与玛格丽特的婚姻》。1892 年，他展出了《黎塞留被介绍给亨利四世》。这一系列的杰作创作的篇幅巨大，耗费了大量时间，被称为贵族题材三部曲，作品将这一历史现场真实地还原了出来，给史学家们提供了珍贵的史学材料。

1893—1909 年，朱塞佩 · 奥雷利参加了一系列的国际展览，其中有 1893 年的芝加哥世界博览会、1898 年的都灵国际展览和 1909 年的里米尼展览等一系列非常成功的国际展览，分别展出了《十八世纪的冰面上》（*Sur la glace dans le XVIIIsiécle*）、《浴后》（*After the Bath*）等作品，而这些作品显示了他开始受到东方主义绘画的影响。“东方主义”（Orientalism）是十九世纪末欧洲流行的一种绘画题材，专门描绘对异国特别是东方国家的想象场景，由于充满了异国情调和装饰性，所以特别受欧洲市场的欢迎。朱塞佩 · 奥雷利以这种题材创作了大量的作品，得到了人们的欢迎和喜爱，在市场上大获成功。

由于奥雷利在东方主义题材上的成功，1894 年他受到意大利水彩画协会的邀请，开始以客人的身份参加水彩画展，并于 1900 年正式加入水彩画协会。在二十世纪初，他开始频繁与水彩画协会交流和共同展出作品，如在 1903 年的展览中，他展出了《女士肖像》（*Ms Portrait*）和《旧、新、淡香水》（*Old, New, Eau DE Toilette*）；1907—1910 年，他凭借着在协会中的声望成为水彩画协会的理事，在此期间，他展出了《故事》（*Story*）、《东方肖像》（*Oriental Portrait*）和《滨海》（*Coast*）三张东方主义绘画作品；最后，在 1912 年的 Surla 展览中，他展出了的《黎波里》（*Tripoli*）、《绿洲》（*Oasis*）和《法国亨利三世的宫廷》（*The Court of Henry III of France*）；因为这期间他在历史和贵族题材上的一系列成就，1909 年，里米尼美术学院（Rimini）授予他文学学士学位。

由于资料匮乏，我们对晚年的奥雷利的生活知之甚少，只知道晚年时期的他依旧在绘画领域辛勤工作，繁忙的工作使他一直奔波在外而没有回到家乡，于 1929 年在安齐奥去世。

奥雷利一生都致力于水彩画的创作，作品题材丰富多样且质量上乘，对促进意大利的水彩画发展有很大的贡献（尤其是他的东方主义题材作品）。但他太着眼于传统学院派的绘画样式，传统绘画观念在成就了他的同时也给他戴上了创新的枷锁，使他缺乏对当时欧洲主流文化和时代精神的敏感把握，致使他无法创作出像同时代法国和英国那些大师们的震撼人心的杰作，当然也就无缘进入欧洲一流画家的行列，这也是他与同时代许多意大利画家的相同境遇，也从另一个侧面反映了时代带给他们的局限性。

三、题材的多样性

奥雷利的作品受到了多种绘画风格的影响，他是成熟的肖像画家、东方画家和风景画家。他一生所绘制作品题材多种多样，主要以人物为主，同时他精湛的技术使他能够很好地驾驭场景绘画，他是历史题材的真实的重建者，是宫廷生活的真实刻画者，是东方主义的生动的描绘者。他的历史题材作品场面宏伟壮观、震撼人心；宫廷贵族绘画中的人物被刻画得惟妙惟肖、神态动人；在他的东方主义题材作品中，各种琳琅满目充满了异国情调的物品、拥挤繁华具有东方风情的街道场景使人们感受到一种与平常生活经验完全不同的新鲜感。

1. 与东方主义的渊源

十九世纪的欧洲掀起了一波对异国东方主义浪漫情调描绘的浪潮，这种经典的画作往往都被称为“东方主义绘画”（Orientalism）。自 1989 年爱德华 · 赛义德（Edward Said，1935—2003 年）的《东方学》出版以来，学术界开始使用“东方学”一词来指西方国家对中东、亚洲和北非社会的一种欧洲社会学视角。在赛义德的分析中，西方国家将这些社会看作静态的、不发达的，从而制造出一种东方文化的观点，可以为皇权服务，可以研究、描绘和复制。“东方主义”在艺术界是指十八世纪在西亚旅行的艺术家创作的东方题材的作品风格，也指对东方世界的模仿或想象的描绘。

他们喜欢描绘东方的事物，在作品中，他们常常加入具有东方特色的元素，使画面具有浓郁的异国情调，如瓷器、地毯和中东特色的街道等。东方主义画家们在作品中追求对东方世界的大胆想象和对细节的精细刻画，后宫、闺房、面纱、艺妓等被描绘得放荡、顺从且颇具异域风情，而作品中的每个细节都如画面里的珠宝和闪光的金沙般吸引人。东方世界给他们带来新奇的、与当时欧洲千篇一律的题材不同的观看视角，对当时整个欧洲的文艺领域都产生了巨大的影响并形成了效仿的趋势，如在文学上，贾科莫 · 安东尼奥 · 多梅尼科 · 米歇尔 · 玛丽亚 · 普契尼（Giacomo Antonio Domenico Michele Secondo María Puccini）的《蝴蝶夫人》（*Madame Butterfly*）就表现了明显的东方主义倾向，而在意大利，很多水彩艺术家也受到这种思潮的影响，纷纷进行东方主义题材作品的绘制，朱塞佩 · 奥雷利就是他们中最具代表性的一位画家。

在罗马的玛格特（Marguttc）大道 48 号，奥雷利有着他自己的工作室。他喜爱社交活动，经常与当地的画家们谈论对艺术的见解，交流自己的想法。在当时，他认识了许多高产的东方主义题材画家，他们一同交流，使用同一间只有一条楼梯的工作室，楼梯通往一间狭小但光线明亮的房间，因此这间工作室也被他们亲切地称为“兔子窝”。这些东方主义题材画家包括菲利波 · 巴托里尼（Filippo Bartolini）、恩里科 · 塔伦吉（Enrico Tarenghi）和纳扎勒诺 · 西普里亚尼（Nazzareno Cipriani），还有插画家埃托雷 · 西门尼斯（Ettore Ximenes），他们都沉迷于对东方世界的想象和描绘，作品具有浓厚的东方情调。在当时，他们被称为罗马的“东方主义大师”。在这些画家朋友的影响下，奥雷利被这种独特且具有新鲜感的东方视角所吸引，而且因为当时艺术市场的大量需求，他用水彩作为媒介创作了大量的东方主义题材作品，这些极具装饰性的作品使他在商业上取得了巨大的成功，例如，《带水烟袋的土耳其妇女》（*Turkish Woman with Water Pipe*）、《虚荣》（*Vanity*）、《后宫的两个女孩》（*Two Girls in the Harem*）、《带弦乐器的东方妇女》（*Oriental Women with Stringed Instruments*）等。这些作品用丰富细腻的笔触层层罩染而成，画面色彩明亮而柔和，细节刻画得极其精彩。除了这些以东方女性为主的作品，他还擅长表现各种复杂的场景，例如，《咖啡和利口酒》（*Coffee and Liqueurs*）、《提案》（*The Proposal*）等。

图 4-1
《虚荣》
Vanity

图 4-2
《虚荣》（局部）
Part of the *Vanity*

图 4-1 为《虚荣》（*Vanity*），这幅作品描绘了一位刚从酣睡中醒来的贵族女子，正在心情愉悦地梳理自己的头发，侍女在一旁拿着镜子服侍主人的场景。这位穿着精致丝绸裙的贵族女子微仰着头，一边摆弄着头饰，一边如纳喀索斯痴迷地望着水中倒影一样看着自己的美貌（见图 4-2）。在欧洲文化中，镜子被认为是自恋和虚荣心的象征，而这位沉迷在自己美貌和昂贵饰品中的贵族女子，无疑就是希腊神话中那位无意间见到了自己水中倒影而无法自拔的美少年纳喀索斯。画面中布置得色彩缤纷的房间配有异域情调的波斯地毯、挂毯，搭配着彩色的珐琅器物等东方风格的家具，这些都带着东方艺术的审美特点，同时还有欧洲中世纪艺术的影响和十九世纪洛可可艺术的造型痕迹，可以看出当时人们的怀旧和对新世纪的向往情绪。画家用细腻的笔触和柔和明亮的色彩表现了这一场景。

图 4-3
《小调》
A DittyTune

图 4-3 为《小调》（*A Ditty Tune*），这幅作品是奥雷利众多东方风格作品中比较独特的一幅，画面以倚躺在床上的贵族女子为中心，左边有两个黑人女仆正在为其奏乐，这是奥雷利作品中鲜有的出现黑人的作品。室内布满了具有异域特色的元素，如这些描绘得极具热带情调的植物、乐器、地毯等，将梦幻迷离的氛围表现了出来。画面人物众多但不显得杂乱，奥雷利在浓重的画面调子中安置了一个皮肤白皙的贵妇，与前景中的浅色波斯地毯相互呼应，构图设计得精巧古典，装饰意味浓厚。

2. 洛可可艺术与拉斐尔前派的影响

洛可可艺术产生并盛行于十八世纪的法国路易十五统治时期，以轻巧纤细、柔美灵动为特点服务于王室贵族，是上等社会所流行的享乐主义艺术风格，后来影响了整个欧洲。其内容多描绘情爱韵事、神话世界等，画面往往给人轻松愉悦、感官享乐、充满情欲的感受。这种绘画样式装饰性强，具有浓厚的抒情性，所描绘的人物服饰和姿态带有戏剧性的表演味道。

奥雷利在十九世纪九十年代开始进行贵族题材的创作，从作品中可以看出他受到巴黎浓厚的洛可可艺术风格影响，华丽的装饰性和鲜艳的颜色，偷窥式的构图都被他运用在了创作上，如《皮卡波》(*Peekaboo*)、《滑冰》(*Ice Skating*)、《等待着的妓女》(*A Prostitute Waiting*)等作品。但同时，奥雷利还受到拉斐尔前派的影响，绘画里有田园牧歌式的美学特征，画面往往流露出一种中世纪情调和感伤的氛围，如《女人与曼陀罗》(*Woman and Mandala*)、《带花瓶的女孩》(*The Girl with the Vase*)，他将这种感伤情调和洛可可艺术很好地结合了起来。

《皮卡波》这幅作品是奥雷利所描绘的贵族题材之一（见图 4-4）。画面描绘了一对十四世纪的贵族恋人坐在花园中幽会，男人手执一手杖，略带挑逗意味地看向他的情人，穿着紫色丝绸服装的女人则手持一把折页扇，羞涩却欲拒还迎般地微微低头。在树丛后，有一个第三者躲在他们的视线之外，窥探着这对年轻的恋人。作品名字叫“皮卡波”，在意大利民间俗语中是躲猫猫的意思，画家取这个名字显然指三人暧昧不清的关系。画面设色典雅富丽，具有浓厚的洛可可气息，刻画得华丽精巧的服饰细节，又使画面保持着一种纤而不媚的味道。

《爱的笔记》(*The Love Note*)这幅作品描绘了两位穿着考究的男人正在读一封信，两位男士的服饰和姿态显示了他们的绅士地位，动作略显矫揉造作。右边的男士正在仔细阅读书信，中间身穿棕色大衣的男士在与他交谈的同时，偷偷给身后的一位女仆打扮的女子递了一封信（见图 4-5）。画面中的人物关系很值得玩味，画家将暧昧不明的氛围表现得很隐晦。画面整体是温暖的色调，冷暖对比拉开了前后的距离；画家通过人物的神态动作将人物的心理状态描绘了出来——少女的羞涩、男人们的装腔作势。

图 4-4
《皮卡波》
Peekaboo

图 4-5
《爱的笔记》
The Love Note

图 4-6
《奥斯塔长矛兵》
Carica dei Lancieri Aosta

3. 学院派艺术的继承者

学院派绘画起源于十六世纪的意大利，而后流行于欧洲。学院派主张以文艺复兴盛期大师的艺术为唯一标准，崇尚典雅风韵、高贵端庄、古典理想式的艺术法则。学院派在技法上主张“重素描、轻色彩”，通过这样的手段摒弃感情在艺术中的主观表现。十七、十八世纪学院派艺术达到巅峰，由于十九世纪摄影技术的出现，它开始走向没落，但在意大利依然占据着主导地位。在朱塞佩·奥雷利的绘画生涯当中，我们可以看到传统绘画的观念深刻地影响了他，在创作上，他选择以历史题材和肖像绘画为主。

《奥斯塔长矛兵画》（*Carica dei Lancieri Aosta*）（见图 4-6）是这一题材的典型作品，作品描绘了在 1848 年库斯托扎（Custoza）战役中的一群意大利长矛兵与奥地利侵略者交战的激烈场景。众多士兵骑着战马呐喊着冲向侵略者，他们高举着旗帜，手持长矛；一位侵略者被击倒在地，后面的士兵和战马即将从他身上碾压过来，倒在地上的侵略者神情慌张，面露恐惧，而这一幕被画家生动地描绘了出来。在战场激扬的尘土中，嘶鸣的战马和在风中飘扬的旗帜营造的充满悲壮的英雄主义气氛，强烈地感染了刚刚取得独立战争胜利的意大利人民。画家描绘了这一令人激动的瞬间，仿佛历史刚刚在我们身边发生。该画面采用了平远开阔的横构图，使整个场面宏伟壮观，气势宏大又不缺乏均衡稳定，在一群奔涌的红黑色的战马群中，一匹夺人目光的白色战马出现在右侧，它昂起前蹄，嘶鸣着，准备向地上的侵略者踏去，侵略者惊恐地回过头，两者一白一黑、一动一静、一仰一俯，形成了强烈的对比。整个画面处于暖色调当中，一种热血沸腾的氛围跃然纸上；画面层次丰富，虚实有致，人物与战马的动态都设计得极具动感，整个画面都在咆哮，充满张力。

《空闲时刻》
Idle Moments

《花园中的少女》
Maidens in a Flower Garden

《带花瓶的女孩》
The Girl with the Vase

《东方室内》
Oriental Interior

《后宫的闲暇时光》
Idle Hours in the Harem

《一位受欢迎的客人》
A Welcome Visitor

《滑冰》
Ice Skating

《海湾的风景》
Bay View

《华丽的夜晚》
An Opulent Evening

《在艺术家工作室》

In the Artists's Studio

参考文献:

[1] Gerald M. Ackerman, Christian – Martin Diebold. Les orientalistes de lécole américaine [M]. ACR, 1994.

[2] Roger Benjamin, Mounira Khemir, Ursula Prunster, Lynne Thornton. Orientalism—Delacroix to Klee[M]. Sydney: The ArtGallery of New South Wales, 1997.

[3] 郭润文．意大利 19 世纪绘画 [M]. 南昌：江西美术出版社，1999.

菲利波·英杜尼

——记录生活的温度

Filippo Indoni

1842—1908

一、伟大时代的终结

众所周知，从文艺复兴到十八世纪初，意大利绘画曾有过一个黄金时代：文艺复兴在这里发源并以燎原之势影响着整个欧洲大陆，人文主义精神以及宁静而肃穆的理想美在这里散发着温润恒久的光芒。拉斐尔、达·芬奇、米开朗琪罗、卡拉瓦乔等一批绘画巨匠们从这里走出，他们的理念影响着后来的学院派、古典主义、现实主义乃至世界艺术的发展。在这里，《蒙娜丽莎》《雅典学院》《基督下葬》等旷世奇作诞生。佛罗伦萨大教堂、罗马圣彼得大教堂、《大卫》《米洛斯的维纳斯》无一不神圣高雅，这些在此落成的建筑和雕塑至今依然是人们顶礼膜拜的“圣碑”。从文艺复兴时期的佛罗伦萨画派、威尼斯画派、样式主义到十七和十八世纪的学院派、卡拉瓦乔的现实主义、巴洛克艺术、洛可可艺术等，这里曾有着丰富多元的艺术主张和各式各样的艺术流派，以及由卡拉奇兄弟创办的欧洲最早的美术学院。但是到十八世纪中叶以后，意大利绘画的辉煌荣耀就渐渐熄灭，而在十九世纪以后，意大利宗教改革、罗马教皇兜售赎罪券等举措，以及新航线开辟带来贸易中心地位的丧失，最终导致经济衰败，从此世界艺术的中心从意大利转向法国，意大利绘画出现了整体性的退潮和衰败，我们可以从欧洲艺术史上发现十九世纪意大利美术的缺席和空白。

文化艺术的整体萧条和荒漠化背后最主要的原因则是意大利持续了四个世纪的分裂割据战争，由于奥地利和法国等国对意大利的军事侵略、封建王朝和教皇政权的残酷统治，意大利人民为争取独立与自由进行的反抗斗争，直接分裂阻断了意大利本土与整个欧洲世界的经济、文化艺术和政治往来，严重限制了资本主义的正常发展。因此，民族文化和新艺术思潮受到了压制和隔断，意大利几乎成了欧洲主流文化的孤岛，以至于在 1830 年民族独立运动之前，人们几乎不认为有意大利这个国家的存在。另一方面的原因是意大利自文艺复兴建立起的绘画传统根深蒂固，曾经的学院派传统绘画样式这一伟大荣耀却成了此时新绘画艺术发展无法冲破的藩篱和高墙，新的具有创造性的艺术思想和绘画样式，也无法获得有利的生存环境，意大利艺术的伟大时代逐渐终结。

十九世纪初期的意大利绘画受到了欧洲启蒙思潮的影响，开始出现了浪漫主义倾向的绘画，但此时学院派艺术仍然占据着主导地位，画家们所表现的题材依然是与古希腊神话和古罗马的历史有关的，描绘贵族家族的肖像画题材普遍盛行，学院派艺术背后有着封建统治阶级的支持，当时的绘画法则继承了十五世纪以来的传统绘画，这个法则迫使所有人围绕着学院派的形式法则进行创作，谁违背了法则的宗旨，谁就会受到打压。

1848 年，意大利革命重创了外国势力和本国封建统治者，资本主义明显地得到发展，民族复兴运动进入最后阶段；1861 年，意大利王国宣告成立；1871 年 7 月，意大利把首都从佛罗伦萨迁至罗马，分裂了四个世纪的意大利最终实现了统一。这一连串重大的社会变革强烈刺激着文化艺术领域，绘画界不再自囿一家，各个画派纷纷兴起。受法国艺术革命浪潮的影响，意大利出现了弗朗西斯科 · 哈耶兹（Francesco Hayez，1791—1882 年）等一批浪漫主义画家。正如罗曼 · 罗兰所说："缺乏理想的现实主义是毫无意义的，脱离现实的理想主义是没有生命的。"他们反对脱离现实的学院派艺术，这些画家在选材方面更贴近生活，描绘自己最熟悉的家乡，将他们对生活的热爱倾洒在画面中，在艺术表现方式上比学院派更加奔放，不拘泥于追求理想美标准的严谨画法。同时，也有一批艺术家受到现实主义艺术思潮的影响，于是出现了十九世纪意大利最重要的画派：马奇奥里画派。"马奇奥里（Macchiaioli）"这个名词最初见于《意大利人民报》，它是一些艺术评论家用来讥讽 1862 年一些画家在佛罗伦萨促进展览会展出的户外风景画的词语。这些风景画以突出明暗对比的色块组成，呈现出色彩斑斓的效果，于是他们称其为"马奇"[①]。这些画家关注平民生活和社会问题，主张艺术要生动和真实地表现社会，反抗意大利学院派"纯正主义运动"的艺术垄断，反对古典艺术和轻浮不现实的浪漫主义。

国家的统一和民族独立运动的成功，让资本主义得到发展，资产阶级的壮大促使了文化艺术的繁荣和发展，欧洲大量艺术思潮涌入，这个时期出现了一批优秀的水彩画家，如菲利波 · 英杜尼（Filippo Indoni，1842—1908 年）、玛丽亚 · 詹尼（Maria Giann，1873—1956 年）、朱塞佩 · 奥雷利（Giuseppe Aureli，1858—1929 年）、安德烈 · 凯鲁比尼（Andrea Cherubini，1833—1905 年）等。与埃托雷 · 罗斯勒 · 弗兰兹（Ettore Roesler Franz，1845—1907 年）热衷于古典主义题材、朱塞佩 · 奥雷利热衷于东方主义题材不同，受到了马奇奥里画派影响的菲利波 · 英杜尼摒弃了这种脱离现实生活的绘画题材，最终以现实主义题材进行创作，他将目光放在

① 何如珍 . 回到现实——读《意大利 19 世纪绘画》[J]. 美术之友，2000(2): 13-16.

他的生活现场、他的故乡风景和身边的人，而不是虚构的神话人物和历史人物。在他的画作里，凡人取代了神，平民取代了英雄，鲜艳的色彩、明亮的光线是他的作品的主要视觉追求。构图严谨，人物结构结实、准确，细节刻画得丝丝入扣等，这一切充分显示了他深厚的绘画功底，使他成为意大利十九世纪一名不容忽视的水彩画家。

尽管有菲利波·英杜尼这些优秀的画家出现，但此时的意大利艺术与昔日的荣光相比已呈现出无可挽回的衰败颓势，刚刚独立的国家又使得艺术家们太着眼于民族文化，而缺乏对欧洲主流文化和时代精神的敏感把握。这些都使他们无法创作出像同时代法国和英国那些大师们那样的震撼人心的杰作，当然也就无缘进入欧洲一流画家的行列。于是，我们再一次验证了这个残酷的历史逻辑：艺术家个人成就的背后有非个人的力量，艺术整体的繁荣得益于国家的繁荣，艺术整体的衰败也是因为国家的衰败。但无论如何，艺术史不该忘记这些曾经认认真真、勤勤恳恳地在这一领域工作、生活过的画家。

二、生平经历

关于菲利波·英杜尼的生平我们知之甚少，我们只知道他在 1842 年左右出生于意大利罗马，是十九世纪一位著名的油画家和水彩画家，家庭成员不详。童年时，他经历了 1848 年西西里岛人民起义的全国革命浪潮，并在战争中幸存下来。在 1870 年后，他受到了严谨而传统的学院派艺术教育，英杜尼此时期的绘画独特之处在于他朴素的画面气质，没有浮夸做作的造型和反复多余的细节修饰，更加注重生活场景中的真实状态与情感。1872 年，他在罗马鉴赏家协会和罗马艺术爱好者协会举行的展览上展出作品《贵族夫妇》（*The Aristocratic Couples*），因其精湛的水彩技巧和严谨高超的造型能力，受到了评论家们的赞赏。正是这次展览的成功，使他的作品有了稳定的买主，他也正式成为一名职业艺术家，并开始参加各种展览。

在这期间，他遇到了单亲妈妈珍妮特·格罗斯（Janet Gross），两人相爱并结婚。他的继子翁贝托·科罗马尔迪（Umberto Coromaldi，1870—1948 年）在童年时就展现了高超的绘画天赋。菲利波·英杜尼亲自教导并鼓励儿子作画，还资助他进入罗马艺术学院继续深造。科罗马尔迪一生的艺术成就比父亲更为辉煌，17 岁就在古典艺术家菲利波·普罗斯佩里（Filippo Prosperi）的指导下学习绘画，并在 22 岁那年遇到了那不勒斯画家安东尼奥·皮钦尼(Antonio Piccinni)和安东尼奥·曼奇尼（Antonio Mancini），他们一起组建了工作室。他参加过无数的国际绘画展览，曾担任过罗马圣卢卡学院院长，是布雷拉和帕尔马学院的院士；1911 年，他画了维托里奥·伊曼纽三世国王的画像，使他成为皇家宫廷的绘画大师。这些成就都离不开童年和少年时代父亲菲利波·英杜尼的鼓励和严格的美术教育。

1875—1883 年，菲利波·英杜尼受到了欧洲东方主义绘画的影响，并在 1800 年于佛罗伦萨展出了一系列作品且获得了成功，接着，在 1883 年参加了在罗马的国际展览会，展出的作品《旅行的乐趣》使他声名鹊起备受赞誉，评论家们对这些作品有很高的评价，并给予了一致的肯定，而他的东方主义题材作品如《下午田园诗》（*Afternoon Idyll*）、《东方场景》（*The Oriental Scenario*）等受到了外国市场上买家和收藏家的追捧和青睐。

菲利波·英杜尼在 1884 年参加了都灵国际博览会的展览后一年，受罗马的拿撒勒学院的委托，在这所罗马历史最悠久的学院中，画了亚历山德罗·托洛尼亚（Alessandro Torlonia，奇维泰拉·赛西第二任亲王）的肖像。菲利波·英杜尼在这一时期的作品表明他开始受到马奇奥里画派的影响，转而开始创作现实主义题材的作品。马奇奥里画派的现实主义运动，使艺术和艺术家之间的关系发生了革命性的变化，现实生活在现实主义运动之前不属于美术范畴，而现在艺术家开始对他们的生活现场和生命处境重新产生了兴趣并赋予了意义。

菲利波·英杜尼参与了这场艺术运动，因此他经常创作描绘意大利乡下人和农民一些玩耍、欢笑的生活场景的作品。与许多描绘底层农民和工人的艺术家不同，菲利波·英杜尼的主题通常是快乐和轻松的，他用水彩作为媒介来创作这些作品，更契合他画面里轻快和活泼的氛围。与他同时代的一些现实主义艺术家如乔凡尼·法托利（Giovanni Fattori，1825—1908 年）等，则喜欢用更为黑暗的主题来描绘他们的悲惨生活和被剥削的命运，而菲利波·英杜尼则让这些被社会遗忘的人们在艺术世界里闪闪发光，充满了生活的温度和人文主义的关怀。这是因为菲利波·英杜尼的目光始终关注着以自己的努力工作为荣的人，而不是被压迫的人，这既是菲利波·英杜尼对十九世纪初浪漫主义的轻浮和不现实的绘画样式的回应，也是他与其他的现实主义画家的不同之处，在平凡的生活中闪耀着自信与温和的光芒。

菲利波·英杜尼在他的作品中非常推崇“ciociaria”，ciociaria 是意大利语啄木鸟的意思，是意大利画家描绘自己身边的人、描绘自己的家乡风景和集市的一种绘画题材，深受很多浪漫主义和现实主义画家的喜爱。这一题材使得菲利波·英杜尼在商业上取得了巨大的成功，以至于他晚期几乎每件作品都以一种模式化的方式复制它，总是在作品上使用同一位年轻模特。这种模式化的作品，在外国市场上很受追捧。也许在艺术家的时代，这种方法并不如我们今日所见的那么刻板，而是更真实、更有效率的技术，是一种对生活和艺术的关系的研究。

菲利波·英杜尼的晚年没有四处奔波，而是选择在家乡安度晚年，于 1908 年左右在罗马逝世。他一生创作的作品题材丰富多样且非常高产，其中有不少作品充满了人性的光辉和劳动者高尚的温情。尽管我们对这位神秘的意大利画家所知甚少，但我们仍能从他的作品中感受到他对生活的热爱，会被他对劳动人民温柔又充满关怀的目光所感动，同时，我们也能从他多变的绘画样式里略微窥见他的一生。

三、三次易帜

1. 学院派艺术的继承者

十九世纪五十到七十年代中叶，菲利波·英杜尼的题材主要以学院派艺术的传统绘画样式为主，他受到了文森佐·卡布奇尼（Vincenzo Camuccini，1771—1844 年）等学院派艺术家的影响，这个时候的学院派画家已不再重复十八世纪的古希腊神话和古罗马史诗的传统绘画题材，他们的目光投向了独立战争、宫廷秘闻及历史事件。在他们的画作里，洛可可艺术标榜的宫廷和贵族们的华丽生活，青年男女之间的暧昧集会等主题成为他们创作题材的来源。鲜艳的色彩、华丽的服饰和细节是他们作品的主要视觉追求，构图严谨、人物造型准确、细节的极致描绘充分显示了他们深厚的古典绘画功力。

图 5-1 是菲利波 · 英杜尼的作品《贵族夫妇》，描绘了一个穿着淡紫色裙的妇女和她的丈夫在清晨的郊野树林读诗集的场景。画面中一条小路直通远处的草原，透过稀疏树枝的地平线上隐隐约约地出现了一片树林，画面的色彩细腻而丰富，光线柔和而明朗，两人互相没有言语，专注地读着诗集，充满诗意的温馨恬静的氛围跃然纸上。菲利波 · 英杜尼将两人放在画面中心稍稍偏左的位置，右侧则由一条通往地平线的小路来引导观众的视线，构图均衡稳定，画面细节刻画精彩。这幅作品显示了菲利波 · 英杜尼扎实的古典绘画功底和他系统完整的学院派绘画体系。这幅早期的画作中没有过度表现他们的物质意识和浮华的生活，也没有把绘画对象放置在一个孤立封闭的室内环境，而是作为观察者，透过斑驳树影或空旷村野的环境的衬托，用冷静的色调和构图，静静地审视并表现贵族人物空虚的精神世界。

图 5-1
《贵族夫妇》
The Aristocratic Couples

2. 东方主义绘画的尝试

十九世纪八十年代，菲利波·英杜尼开始了新的题材尝试——“东方题材”。

艺术史中的“东方题材”特指十九世纪初至二十世纪初的欧洲对北非和中东乃至远东国度的绘画[①]。当时的欧洲因急速对外殖民扩张的缘故，想利用这类绘画来展示殖民成果。意大利在完成统一后，搭上了全球对外扩张的资本主义殖民发展的末班车，对北非及其他东方国家的文化和经济有了极大的征服感和好奇心。其次，商客们带回大量的中东艺术品和工艺品，掀起了一阵对东方世界的研究与描绘的热潮。再者，东方主义者们喜欢在作品中描绘具有中东地方特色的元素，如“典型”的街头生活、信仰和最有趣的事情，这种新颖的题材在欧洲艺术市场上广受欢迎。

菲利波·英杜尼受到这种思潮的影响，创作了一系列东方题材的作品，作品在艺术市场上大获成功。对于受传统视觉作品影响至深的英杜尼来讲，这类绘画可以让他挣脱欧洲古典主义绘画题材的束缚，异国的情调可以有助于脱离古典主义的规范，更多元的视觉感受能激发出新的形式素材。他 1883 年在罗马的国际展览会展出的作品《旅行的乐趣》大获成功。

图 5-2 的这幅《易货贸易》（*The Barter Trade*）绘于 1880 年左右，菲利波·英杜尼在游历了中东地区后，贸易集市热闹非凡的场景深深留在他的记忆中，于是他绘制了一个中东地区的货物贸易市场的场景，这是一个以物易物的交易市场，路过的行人拿着一柄镶嵌着宝石的匕首，四处物色着他的目标商品。这时，一个商人叫住了他并向他介绍自己的商品，但他对这件商品并没有兴趣，只是斜下眼淡淡地听着。菲利波·英杜尼将这一场景安排得极富戏剧性，路人那漫不经心的神情和商人满怀希望的热情神态都被刻画得极其生动，这种世俗市民心理被描绘得入木三分，我们仿佛亲眼看见了这一现场。画面构图错落有致但又不失均衡，背景的深色大门与前景刻画精致的深红色波斯地毯相呼应，将前景中的人物凸显出来，画面充满了异国风情。

英杜尼早在描绘贵族的生活片段和市井生活的时候，就已将目光停留在复杂生活真实温馨的一面，在对东方题材进行了深入探索后，他迅速摒弃了这种脱离现实生活的东方题材，最终找到了自己的艺术方向——现实主义。

① 高菲菲．十九世纪欧洲东方题材绘画研究 [D]. 长春：东北师范大学，2007.

图 5-2
《易货贸易》
The Barter Trade

3. 现实主义绘画的旗帜

十九世纪意大利的现实主义绘画以佛罗伦萨的马奇奥里（Macchiaioli）画派为代表。他们的宗旨是反抗学院派的所谓“纯正主义”运动，大力主张艺术要生动真实地表现社会生活、表现人生，这一画派在美术史上不甚著名，但它的确是十九世纪欧洲绘画史上不可或缺的一部分。

马奇奥里一词是色彩斑斓的意思，因此这一画派也被称为“斑痕画派”。泰莱马科·西诺里尼（Telemaco Signorini，1835.8.18—1901.2.1）是其主要代表人物。艺术史学家朱利安诺·马特奇（Giuliano Matteucci）把他描述为“催化剂和充满活力的教条。在将注意力从历史绘画和学术肖像转移到对自然景观的新诗意诠释时，西诺里尼对马奇奥里绘画有着重要的意义。”在互联网上搜索的信息显示，1855 年，泰莱马科·西诺里尼在佛罗伦萨的米开朗琪罗咖啡馆结识了乔瓦尼·法托利（Giovanni Fattori）、萨维里奥·阿尔塔穆拉（Saverio Altamura）等几位画家，他们认为艺术要生动真实地表现社会生活和人生，因此常在户外写生，捕捉自然中瞬息万变的光线、阴影和斑斓的色彩。

马奇奥里画派是对菲利波·英杜尼影响最大的画派，使他看到日常生活的可贵，肯定了平民的生活价值和生存态度，画作中流露出极强的人文关怀。菲利波·英杜尼在十九世纪八十年代后期投身于现实主义运动中，但他描绘的不是受压迫和剥削的贫苦农民和工人，他温柔和充满温情的目光始终在辛勤劳动的人、正在嬉戏的儿童的身上，他从不刻意表现穷人生活的困窘，从不描绘他们的苦闷或愤慨的表情，也不像乔凡尼·塞冈提尼那样浪漫化、诗歌化农民的生活，而是尽力去挖掘人性中最朴实的真情，使虽贫穷却不失希望的生活充满人情的温暖，他的绘画始终闪耀着平凡质朴的伟大光芒。

图 5-3
《情人的求爱》
The Courtship of a Lover

图 5-3 的这幅作品《情人的求爱》（*The Courtship of a Lover*）描绘了一对年轻的意大利情侣坐在河边一块岩石上休息和聊天的场景，小伙子手持喇叭，姑娘身边放着装满水的水壶。两人都穿着意大利传统的乡村服装，小伙子身上的衣物因为干农活的原因有一些破损，裤子上打了补丁，但此刻的他心情愉快，因为女友正坐在他身边巧笑嫣然地和他聊天。作品构图稳定，用色朴素典雅，光线柔和明亮，画面温情脉脉。

图 5-4
《二重奏》
The Duet

图 5-4 是英杜尼的作品《二重奏》（*The Duet*），他描绘了一个夏日傍晚的街角庭院，俊朗的男孩坐在石梯扶墙上吹着喇叭，另一端的少女穿着意大利民族服装，她正沉浸在清亮欢快的铃鼓节奏中，曼妙的身姿被刻画得活灵活现。作者惯用古典式的作画手法，以暖色做阴影，与画面的温馨氛围不谋而合。斑痕画派的细碎笔触也被融合在这幅作品中，在有着薄薄一层颜色的墙面与石沙背景上，用笔触叠加的手法刻画后，再用铅笔皴擦出颗粒感。菲利波 · 英杜尼用细腻的手法，将站立在庭院中举着手鼓的少女刻画得活灵活现，坐在扶手石壁上的男孩吹着铜喇叭配合着随曲子舞动的少女。通过对姿态、表情、服饰等细致入微的刻画，让音乐飘扬跳跃在纸面上。

图 5-5
《二重奏》局部
Part of *The Duet*

图 5-6
《二重奏》局部
Part of *The Duet*

这幅作品表现得极其质朴温柔，从局部的图片（见图 5-5、图 5-6）可以玩味两人的情感传递，作品中一切细节与质感的表现都不及画中男女含情脉脉的眼神。他们不仅在兴致盎然地进行二重奏，细腻的情感也在音乐的传递和眉眼之间交相流转，精彩的眼神刻画之余是人物神态的生动把握，为表现皮肤的质感，用细密的线条叠加以产生更丰富的画面效果。二人的脸庞丝毫不见劳作的艰辛，愉悦的表情是幸福与满足的情感表征，温存随着柔和的暖色调溢出画面。英杜尼用重叠交织的笔法纺织和表现出完整严谨的画面构图，用一种暖黄色调将底层人民在平凡生活中的温馨感渲染出来。

《井边的牧羊人》
Young Shepherds at the Well

《人口统计》
Figura Di Popolana

《点燃》

Allumage

《位于马焦雷晚期斯特雷萨对面的贝塔岛的博罗梅奥斯伯爵别墅》
Count Borromeos Villa in Isola Betta Opposite Stresa on Late Maggiore

《在河边巡回演出的音乐家》
Itinerant Musicians by a River

《孕妇》

Peasant Woman

《坐在台阶上的意大利女孩和身旁拿着水壶的男孩》

Italian Girl Seated Upon Steps, a Boy Holding a Drinking Vessel Nearby

《有抱负的人》
The Aspirant

《意大利女人》

An Italian Woman

在学院权威和艺术市场运作的双重压力下，菲利波·英杜尼并不固守于古典主义精益求精的保守绘画效果、久远的古希腊罗马神话典故，以及沉重的国家历史叙事来征服观者；不一味追逐市场的喜好，继续展现高贵、华丽与奢侈的权贵生活，或虚构遥远地域文化的东方题材，以迎合意大利上层贵族的审美趣味；也不像其他现实主义画家那样，以一种悲愤的姿态描绘战争或生活的苦楚黑暗来唤起世人的怜悯或愤慨之情。最终，他将目光投向平凡生活中辛勤劳作的人们，毅然、勇敢、彻底地亲近现实与平民，走向更朴实快乐的生活，以追问生命的本质与意义，找到自己内心的归属地。

菲利波·英杜尼批判式地接受了学院派正统绘画创作经验，也受法国巴比松画派的影响，多以乡村景色为背景，还深受马奇奥里画派的影响，力争生动而真实地表现社会和劳动人民，他将这三方面的因素有机融入其独到的创作体系之中，成就了属于自己的艺术世界和精神世界。他的大量作品充满了人性的光辉和劳动者高尚的温情，引导观者从作品人物的温柔目光里读出画家对生活的热爱与对劳动人民的深切关怀，这是只有关注人间烟火、内心饱含“真情”的画家才能体现出来的。

参考文献：

[1] Saint Louis. City Art Museum. Catalogue of Paintings: With Biographical Data and Descriptive Notes[M]. Saint Louis. City Art Museum, 1924.
[2] Gerald M. Ackerman Les orientalistes de l,'ecole americaine[M]. Paris ACR, 1994.
[3] Norma Broude. The Macchiaioli: Italian Painters of the Nineteenth Century[M]. Yale Univ Press, 1988.

尼古拉斯·波科克

Nicholas Pocock

1740.3.2—1821.3.9

图 6-1
波科克肖像

一、风云争霸的时代

1588 年，英国在加莱海战中击败了西班牙的无敌舰队后，再也无法掩盖其海外扩张的野心，走上殖民掠夺的道路。随后在十七世纪英国与殖民帝国荷兰的三次海上交战中取得胜利，获得了荷兰的大量殖民地。十八世纪中叶，英国在与法国的战争中获胜，最终夺得欧洲海上贸易的霸权，建立起“日不落帝国”。

从十六世纪起的海上争霸战中，英国国力在经历几个世纪的殖民扩张与海上战争中日渐强盛。由于七年战争（1756—1763 年）和拿破仑战争（1775—1782 年）的胜利，以及 1776 年美国独立战争胜利后对于海洋权利的妥协，英国最终积累了丰厚的财富，获得了布及全球的殖民地并成为长达 200 年的海上霸主。此时，殖民地的分布已经形成英国一家独大的局面，财富的不断累积让英国的经济飞速发展，进入了工业革命时期，成为第一个率先完成工业化的国家。

伟大的海洋战争艺术家尼古拉斯·波科克（Nicholas Pocock）生于这个风云争霸的时代，他的一生与战争、海洋、战舰有着密不可分的关系，他站在一个客观的角度，用画笔记录了英国海军在欧洲叱咤风云的模样，抒写了这个变幻莫测时代的历史进行曲。

二、历经风浪的人生经历

波科克出生于英国的一个海商家族，他的父亲是英国的第二大港口城市布里斯托尔有名的商人，主要从事商业贸易，拥有自己的商船。他的母亲玛丽·因尼斯（Mary Innes）来自一个古老的苏格兰家族，祖先有着贵族血统。1739 年 11 月 21 日，这对夫妇在圣玛丽雷德克里夫教堂（the Church of St Mary Redcliffe）结婚。1740 年 5 月 2 日，波科克出生在这个富庶之家。他还有四个兄弟姐妹：玛丽·安妮·弗里普（Mary Anne Fripp）、威廉姆·因尼斯·波科克（William Innes）、约翰·因尼斯（John Innes）、伊拉姆·因尼斯（Ilam Innes）。波科克自小生活在这座水上的港口城市，他 17 岁起跟随父亲出海，开始了水手经历。两年后，这位曾带领他认识海洋的启蒙者——他的父亲溘然长逝，之后的他只有自己独自在痛苦中面对那片未知又神秘的海洋。

从 1766 年开始，波科克受雇于理查德·钱皮恩（Richard Champion）的商业家族，担任贸易船“劳埃德”号（Lloyd）、“贝西”号（Besse）、“密涅瓦”号（Minerva）的船长，几艘商船在他的严谨管理下共进行了六次穿越大西洋的航行，主要往返于美国和西印度群岛。此时，年仅 26 岁的他内心充满了对大海狂热的激情，同时航海生涯也开启了他的艺术历程。

波科克从小就对绘画有浓厚的兴趣并接受过一定的绘画训练，在他的航海生涯期间，因工作需要，作为船长的他养成了用文字配以插图的方式来记录海上生活的习惯，在闲暇的时候，他还会到甲板上去画一些过往船只或海上风景。1778 年由于美国独立战争对跨大西洋贸易的影响，波及英国商业贸易行业，无奈之下，钱皮恩的公司破产，波科克失业后便回到家乡开始潜心研究绘画。由于波科克海上航行的丰富经验，后又被其他公司聘为船长，先后被派往地中海、西印度群岛航行。在这几年的海上航行中，他不仅在各种糟糕的天气中指挥船只，还用画笔记录他所到之处的收获，挖掘到绘画的乐趣后他便义无反顾地投身于艺术，坚定地做一名职业画家。

1780 年，波科克完成了人生中第一幅为皇家学院展览专门创作的大型绘画作品，可惜的是，由于提交时间太晚，这幅作品未能顺利展出，但他受到了意外的好评。该学院院长约书亚·雷诺兹爵士（Sir Joshua Reynolds，1723—1792

年）写信赞许了他的作品，建议他尽可能忠于真实的自然，并提议他向罗马画家威廉姆·范德韦尔德（Willem van der Velde，1633—1707 年）和法国艺术家克劳德·约瑟夫·韦内特（Claude Joseph Wernet，1714—1789 年）学习。1782 年，波科克的作品《海岸边上的雷德克里夫教堂》（*A View of Redcliff Church from the Sea Banks*）在英国皇家美术学院展出。此次展出受到乔治·布里奇斯·罗德尼将军（General George Brydges Rodney，1718—1792 年）的称赞。展览结束后，罗德尼将军委任波科克为他曾领导的英国重要的海上战争桑特之战（Battle of the Saintes，1782.4.9—1782.4.12）创作。波科克的绘画同样还被塞缪尔·胡德（Samuel Hood，1724—1816 年）喜爱，并在他的赞助下积攒了名誉与人脉。波科克航海的经验、社交技巧及天赋异禀的绘画才能，使他成为皇家海军和许多对海洋主题绘画有需求的赞助商心中的理想人选。

1804 年，当英国皇家美术学院向波科克发出真诚的邀请，希望其成为协会的会员时，他拒绝了此次邀请。同年 11 月 30 日，波科克与另外九位艺术家聚集在牛津街的斯特拉特福咖啡屋，创立了一个水彩画协会，这就是后来被人称道的“老水彩画协会”（Old Watercolor Society）。1805 年，该协会举办了第一次水彩画展览，这时的波科克已经 63 岁了，他展出了 17 幅作品，以海上军队的作品为主，还包括一些风景作品，精湛的绘画作品使波科克享有极高的声誉。1806 年，波科克被协会的一些成员推崇为主席，性格谦逊的他认为自己不适合而拒绝了这一职务。据确切统计，波科克一生在老水彩画协会先后展出过 183 幅作品，在皇家美术学院展出过 113 幅作品。

晚年的波科克与长子艾萨克生活在梅登黑德（Maidenhead）。1817 年，他因中风再也无法拿起画笔继续作画。1821 年 3 月 9 日，波科克在艾萨克的家中去世，葬在库克汉姆教区。

家族关系

波科克与妻子安·埃文斯（Ann Evans）于 1780 年在布里斯托尔结婚，他们共同生育了八个孩子，其中有三个孩子对英国水彩画艺术产生了影响。他的长子艾萨克·波科克（Isaac Pocock，1782—1835 年）是一位历史题材和肖像画家，师承罗姆尼（Romney），同时是一名卓越的剧作家。艾萨克的弟弟威廉姆·英尼斯·波科克(William Innes Pocock，1783—1836 年)继承父业，是一名优秀的海洋水彩画家，也是皇家海军的中尉。波科克的女儿玛丽 · 安妮（ Mary Anne ）不仅自己是一名优秀的水彩画家，还把自己的两个孩子培育成了维多利亚州的著名水彩画家，分别是乔治 · 阿瑟 · 弗里普（ George Arthur Fripp，1813—1896 年 ）和阿尔弗雷德 · 唐宁 · 弗里普（ Alfred Downing Fripp，1822—1895 年 ）。

图 6-2 是库克汉姆圣三一纪念馆，左边为波科克纪念碑。

图 6-2
库克汉姆圣三一纪念馆，左边为波科克纪念碑
Pocock Memorials

三、艺术成就

波科克的人生是建立在海洋之上的生命轨道，他主要的绘画题材是有关海洋的，这与他的人生经历紧密相扣，相互影响，或许是他的生活环境与随之而来的历史浪潮带他走向了艺术之路，或许是他对艺术的真正热爱和认识到绘画对于海

战的战略意义，带他走向了艺术之路。当然，是什么具体的原因使他从战乱不安的时代中更加坚定地选择了绘画，我们不得而知。

波科克在 17 岁以前，除出生日期的记录可以确定外，其他信息难以考证，但他生活的城市、父亲的职业却能让我们联想到他在港口城市的耳濡目染下对大海深处充满了好奇。自幼在港口城市长大的他对各种船只、水手生活了如指掌。他虽没有经过正规的美术学校培训，却在做水手的时候爱上了绘画。当时船上的海员能掌握一些绘画技巧是不足为奇的，这项技能让他们在航行过程中记录一些未知的海岸线，同时对于绘制敌方港口和沿海轮廓的草图大有用处。在航行书籍、海洋图表缺乏及经纬不准确的日子里，船长和海员们会花大量的时间和精力在海洋地形图上，通过记录罗盘方位和某种特定距离的算法，在地图上确定他们航行的位置并制订路线。波科克对绘画的热爱不同于普通的海员，孜孜不倦的勤奋练习和敏锐的观察能力让他脱颖而出。从前的水手、船长，后来的海洋画家，特殊的身份不仅让波科克积累了丰富的经验，更有各种远洋的机会，见证了英国许多影响深远的重要历史时刻。一系列的战争让他认识到自己祖国海军的强盛及海上战争的悲壮残酷。“战争”这个宏伟而深刻的词汇具有极其复杂的人性本质和历史内涵。特殊的海战对英国的历史发展具有不可磨灭的重要意义，因而海洋战争题材成为他终其一生研究和探索的艺术领域。

波科克的作品以还原真实的海战场景和极精致的细节描绘而闻名，他因丰富的故事情节、精密严谨的细节及强烈紧张的画面氛围受到皇室的青睐。也许是因为他的作品在一定程度上宣扬了英国海军的强盛，乔治三世（George William Frederick，1738—1820 年）对他的海战作品也情有独钟，波科克曾被任命为英国皇家海军画家，参与并记录重要的海战。

1794 年 6 月 1 日，英国海军在巴塞特尔与法国舰队交战，波科克乘坐护卫舰“飞马”号首次参与了海战，用素描和文字记述这场大型舰队的战斗过程。最后创作了还原真实海战场景的作品《光荣的六月一日战役》（见图 6-3）和《六月一日海战》（见图 6-4），现存（英国）国家海事博物馆（The National Maritime Museum）。

图 6-3
《光荣的六月一日战役》
The Glorious Battle of June 1st

图 6-4
《六月一日海战》
A Naval War on June 1

图 6-5
《特拉法加战役后的第二天》
The Day after Trafalgar

图 6-5 是《特拉法加战役后的第二天》，这幅作品描绘的是 1805 年的特拉法加战役后第二天的海面残局景象，是一幅以暖褐色为主基调、注重色彩明暗关系与冷暖对比的作品。与此前的海战题材作品不同的是，这幅作品呈现的不是极端恶劣的天气，而似乎是风暴席卷后被暖阳照耀的大海，暖黄色的云彩里杂糅很浅的普鲁士蓝，海天彼此缠绵不清，涌动的海浪上浩浩荡荡的护卫舰队随波而动，英国海军高扬胜利的旗帜，与之对比鲜明的是画面的前景部分是敌军一艘被烧焦、几乎快要沉没的海舰。画面正中的主体是三艘不同类型的战舰，波科克细致入微地描绘了每种战舰的风帆样式、外观结构。在三艘主要战舰的后面是更加广袤的空间，用海天一色的模糊方式处理海岸线，增添了想象的空间，画幅上下用较厚重的颜色烘托中心的船只，周围的空气具有通透感。远处其他零散的船只若隐若现，波科克在画面中采用了主体物强、次要部分弱的方式来处理，表现了艺术家主观安排画面的强烈意识。

图 6-6
《纳尔逊勋爵在特拉法加战役》
Lord Nelson at the Battle of Trafalgar

波科克为特拉法加战役共创作了两幅作品，另一幅是《纳尔逊勋爵在特拉法加战役》（见图 6-6）。波科克在创作之前做了大量的构图和场景速写，一如往常地标记船只、旗帜的位置，用文字记录天气状况，然后在适当的时机选择构图进行小稿实验，最后再进行完整的创作，因此特拉法加战役有多个版本的小幅作品。

特拉法加战役是英法两国自 1793 年以来海上交战的巅峰时刻，此次战役由著名的海洋将领霍雷肖 · 纳尔逊（Horatio Nelson，1758—1805 年）指挥作战，英法西三国激战五小时，因纳尔逊捕捉法军舰队战斗时的弱点，利用机动战术，并下达“英国要求舰队全体将士尽忠职守”的命令，英军在此次战役中死伤人数少，没有一艘军舰受损，大获全胜。此次战役过后，英国的海上权势继续增加，控制了欧洲直布罗陀海峡乃至亚洲的马六甲海峡等重要的海上命脉。此次战役取得胜利之后纳尔逊去世，人们开始意识到取得那次非凡的胜利都应归功于他的领导天赋和周密的作战计划。这也稳定了波科克官方海洋画家的地位，他的作品印证了纳尔逊的杰出功勋，还被委托为克拉克（Clarke）和麦克阿瑟（McArthur）合作的《纳尔逊勋爵生平》（*Life of Lord Nelson*）制作了六幅关于纳尔逊指挥海战的作品。

图 6-7
《哥本哈根之战》
The Battle of Copenhagen

在《哥本哈根之战》中（见图 6-7），波科克则采用一种不同寻常的俯视构图方式，打破了当时“船舰肖像”的构图方式，俯视的角度具有类似全景摄影的效果，更能全面地呈现作战状态，它比水平视野包容性更强，构图也打破了平稳呆板的感觉。这种视野也被称为“上帝视角”，是完全置身事外的旁观视角。对于作品本身，这种俯视的角度在当时没有照相机帮助的情况下难度极大，波科克借助速写稿或从其他作品中截取所需部分参考完成了这幅作品。

四、语言风格

波科克是一位自学成才的艺术家，或许他的作品是别致优雅的风格，但其作品真正的魅力在于他作为一个业余爱好者流露出的天真品质。海战类的作品可以从以下三个方面进行解读。

首先他善于用氛围营造画面的张力。大多数人们沉醉在透纳笔下如梦似幻的海洋，也向往霍莫所描绘的独特海上生活，但在更早之前，波科克就用真挚的笔触向人们展示过海洋狂怒时的无情、阴霾时的忧伤、温润时的明媚。他的海战类题材作品构图精巧，黑白对比强烈，细节塑造入木三分，画面惊险的氛围感极强。

波科克所处的年代，海战绘画仍然是一种纪实类绘画，他们在记录船只海况时，惯用一种传统的船舶肖像公式作画，采用四平八稳的稳定构图呈现船只的面貌，其结构被清楚细致地交代，程式化的构图显得紧张而呆板。波科克敢于打破传统构图方式，他用独到的观看记录的角度为创作提供了新的构图方式。

由于严谨的作画态度，在多种手稿中他会选择战争中决定性瞬间的场面作为最终构图，这是一种古典主义绘画的构图方式。他描绘的就是海上日常面貌，但易变的天气与海洋的不稳定性，带来的自然景观是陆地上难以见到的，时而慷慨激昂，时而云淡风轻，波科克善于捕捉这种极端狂暴的天气状况，使得画面呈现出戏剧性的张力。绝大多数的海战作品都以风雨交加的恶劣天气为背景，选取船只激荡在巨浪顶端的惊险一瞬，或船舰即将被湮没的刹那，犹如镜头抓拍的一霎。这种转瞬即逝的画面具有强烈而真实的动感和扣人心弦的紧张感。乌云密布的天空让画面笼罩着极度不安的氛围，神秘黝黑的海浪包裹着船只，似乎要将其吞噬，凶险的战斗场面也随之传达出一种引人入胜的肃穆氛围。

波科克一直避免使用过多的颜色作画，这样一来，画面主色调的关系趋于稳定，不至于有过于艳丽的颜色而显得轻佻，以黑白灰为主调营造画面氛围，气宇轩昂，庄严稳重，十分符合宫廷贵族的古典主义审美趣味，彰显了英国海军的强盛有力，歌颂了士兵在极其艰难的情况下奋战抗敌、不畏惧自我牺牲、效忠祖国的英勇精神。

其次波科克的绘画非常尊重真实存在的物象。未经过任何正统绘画训练的波科克不太受既定的绘画程式影响，只关注真实存在和自己感兴趣的东西，他正如雷诺兹爵士所建议的一样，不断地向自然界真实存在的一切物象学习。在那个年代，波科克以强劲的绘画能力还原生动的海战场面和真实的细节描绘而闻名，他的绘画是属于现实主义范畴的，这体现在以下两个方面：一是他尊重自然真实存在的对象，绝不加以主观粉饰，大量的速写练习、多年的海上生活及作为船长的专业知识，让他能够准确洞悉惊涛骇浪之上渺小船只涌动的瞬间场景，亦能毫不费力地表现护卫舰体量庞大的精巧结构。二是波科克善于对细节的关注与把控。对水彩技法的熟练使用，让他能在统一整体的色调中刻画出丰富的细节，能在有限的尺幅中表现出厚重的质感。东印度公司的人员研究其作品时认为有必要使用放大镜欣赏他所描绘的精美的帆布、支柱和吊灯，以及形状复杂的船体装饰和阳光下闪耀的金属齿轮。他会为了追求战斗作品的精确性而刻画得极其严谨，用风帆的形态暗示风的方向与力度，用船只的倾斜度展现海浪的心情，用极致的细节增添作品的现实主义气息，巨大海浪的力量感与船只随波逐流的无奈感，似乎让人切身体会到战斗时的惊险与紧张的状态。

再次波科克在技法的运用方面非常严谨。以水彩为主的绘画表现形式成为他接受海军军官和其他赞助人的主要订单形式，当然他也会画一些油画，并从中研究出很多技法，他提倡技巧的重要性，认为适当的绘画技法能够给画面加分。

波科克在创作时偏爱使用一种印度墨水，靛蓝和印度红使用得最多。这种墨水在十七世纪四十年代进入商业生产，在十八世纪后半叶非常流行。他通常用黄色、深红色的墨水调和其他矿石颜料来表现落日余晖的效果，这种方法在海战绘画和风景绘画中都有应用。他把多种色彩混合在一起，增加水分覆盖在纸上，趁湿制作色彩变化，通常显现一种中性的、柔和的灰色。

波科克还曾专门研究了一项丰富画面层次的技法，在画面中间色调和阴影部分的表面涂上一层薄薄的油而锁定底层，通过使用一些添加油漆的色彩继续刻画，能够画出微妙的细节又浑厚凝重。这种追求质感和厚重效果的技法被称为“罩染”，波科克是英国较早使用罩染技法的画家之一。罩染能够使作品达到质感厚重、丰富变化却又十分统一的理想效果，在写实绘画和细节描绘中经常使用。波科克就经常在绘制桅杆、船只结构和金属索具时使用这种方法，以追求极致的精度。有时他还会用粉质浓郁且具有半遮盖力的白色颜料来描绘炮火的烟雾，或者翻腾的海浪云雾，偶尔会用刀子把高光刻出来。

图 6-8
《航海日志——贝茨号》
Logbook of Betsy

五、航海日志的纪实性

拿破仑时期著名的海军《贸易杂志》（*Trade Magazine*）上出版刊登了波科克航海日志中大量的素描、水彩手稿（见图6-8）。日志共四本，一本在伦敦国家海事博物馆中，一本在布里斯托尔记录办公室中，一本在弗吉尼亚州（Virginia）纽波特纽斯水手博物馆（The Mariner Museum of Newport News），另一本已经遗失。

波科克的航海日志具有多学科融合研究的学术价值，涵盖了气象学、自然风力、制船工艺、航行技术等多方面的研究成果。从研究英国“日不落帝国”的历史、英国海战绘画、水彩画发展形态等任意角度都可切入，对研究英国船舰作战设备具有参考价值。但在大多数情况下，日志都是航海的辅助工具，展现了当时航海的技术、战船等各种优质的设备。这些日志用图文并茂的方式记录了海洋的状况、能见度、风的强度、航行的路线、海上的暴风雨、日常的欢愉岁月、困难时刻及重要战争的胜利。日志里的素描与水彩手稿成为波科克日后艺术创作的源泉，其中一些页面的水渍也证实了工作日志的使用痕迹。显然，船上的不确定性因素让他无法在极端恶劣的天气和紧急情况时作画，等到风和日丽的时候，他会从中选取最具有战争决定性瞬间的画面进行精致描绘。在出海以前的时光，波科克对护卫舰精密的结构、复杂的索具研究得比常人更深入，这些高度专业化的知识被他凝结到画面之中，使他比任何一个海洋艺术家对护卫舰和海洋等题材都更有经验和自己的见解。

波科克不仅是著名的海洋画家，他还是一位训练有素的船长。在他的航海日志中记述了他们对水手的管理和训练极其严格，对海上航行和计时都有特定的方式。波科克在海上使用一种被称为“墨卡托航行”（The Voyage of Mercator）的航行方法。这就是所谓的“平面航行”，因为它意味着船会在平面或海面上颠簸，该方法需要使用本初子午线表进行运算。波科克的这本航海日志不仅是绘画创作的灵感来源，更是那个战乱纷扰的时代英国人用智慧和技术获得海上霸主地位的见证。

六、风景题材

作为海洋画家的过高声望让很多人都忽视了波科克的风景画。波科克也爱画风景，但因为着陆的日子很少，所以他的风景作品数量并不多。不出海的时候，他也会和三五好友一起外出写生。

1789 年，波科克移居伦敦的威斯敏斯特，此后展出了很多威尔士风景的素描及水彩作品。接下来的几年是波科克一生中在陆地上最忙的时光。他进行了几次威尔士和英格兰南部的写生旅行，其中以威尔士的水彩画最为出彩。威尔士系列的作品围绕乌斯克山谷、阿伯加文尼的景色、斯旺西湾和兰斯特芬城堡进行创作。

波科克与爱德华·戴斯（Edward Dyce）、托马斯·桑德比（Thomas Sandby）、托马斯·希姆（Thomas Simm）是好友。与他最要好的是戴斯，1791 年，斯坦利勋爵（Lord Stanley）从冰岛远征归来后，他们一起为斯坦利勋爵工作。在绘画方面，戴斯给过波科克很多建议，例如，画风景时不要“色彩太多”，所以他们在创作时用色“惜墨如金”，他们都一致认为大师作画用色节制精妙，注重画面的整体感。他们对作画的方式和材料技巧都有深入的研究。波科克的风景画与好友托马斯·桑德比等人的作品同属于地形图的范畴，描绘所见之景自然轻松的视觉感受，记录乡村的风土人情与日常生活。但波科克有一套自己独特的作画秩序，画面层次清晰有序，他喜欢以云淡风轻的暖色铺垫天空做远景，茂密的树林做中景，在前景里会布置一辆马车或一群玩耍的孩子，形式质朴简洁，人与景相映成趣，流露出宁静祥和的自然氛围。他有时用细小笔触堆积的方式刻画树林，用速写性的线条勾勒人物或树木的质感，显得自然生动。

图 6-9
《威尔士瀑布》
Wales Waterfall

《威尔士瀑布》可能是波科克在威尔士写生后绘制的作品，描述的是布雷克郡克莱达河的上游瀑布（见图 6-9）。这幅画在当时是大尺幅作品，刻画细致入微。他以画面正中的瀑布为中心将近景和远景巧妙地用冷暖色调分割开来，用由近及远、层层推进的冷色调营造了一种悠远的纵深感，过渡合理而自然，体现了他的独特的构图方式和作画秩序，以及主观处理画面的高超技巧。前景部分层次叠加较厚重，远景部分上色薄透，依稀可见一些铅笔痕迹。潺潺的溪水流过山涧，周围是郁郁葱葱的树木，给人以一种恬静、优美、安逸的感受。细细品味这幅作品有些惊喜的小细节，画面瀑布上方有两三个零星渺小的人影，瀑布前的立石上有正在吃草的山羊，这也符合早期水彩地形图的特点，画一处别致的景色，再点缀渺小的人物，表现人与自然和谐共生。

这幅画呈现出经过岁月洗礼后的黄褐色和蓝绿色。波科克的很多风景画都有类似色调，这显然是经过岁月光蚀的结果，画面原有的微妙灰色消失不见，他常用的普鲁士蓝经过氧化和强光日晒后褪色变绿，粉色变为黄褐色，但画面稳固和谐的黑白灰关系依然能支撑起整体效果。

图 6-10
《威尔士瀑布》（局部）
Part of the *Wales Waterfall*

哪怕随意地将波科克的作品截取一个部分（见图 6-10），也能品味到饱满的构图和丰富耐看的细节，虽然在画面中人物非常小，但是画家还是仔细处理了人物在画面中的布局。这零星两个人物处在画面的中景，衔接上下，正好接应整体画面前中后景的关系，使得这个部分即使是凑近仔细观察也足够精彩耐看。这个位置也是色彩上冷暖变化的位置，昭示了纵深和浅出的空间关系。人物身上的色彩比起环境鲜明了些许，当距离画面更近、细细品味时，人物的形象和色彩抓人眼球，这是波科克独具匠心、主观处理画面的证明。

《1811 年利萨战役》
Battle of Lissa 1811

《艾芬河与过往船只》
The River Avon with Passing Vessels

《船只靠岸与上岸的人》
Shipping Off the Coast with Figures Landing on the Shore

《先锋队在 1798 年 5 月 22 日被亚历山大号（鲍尔上尉）拖住并致残》
The Vanguard Disabled and in Tow by the Alexander (Captain Ball), 22 May1798

《风景习作》
Landscape Study

《卸船的人》
Figures Unloading Boats

《暴风雨中的旅行》
Travellers Beneath a Storm

《蒙茅斯郡 丁登寺》
Monmouthshire Tintern Abbey

《不列颠尼亚在坎迪亚海岸附近》
Britannia' being Toward off the Coast of Candia

《腾比从海湾出发》
Tenby from the Bay

《布里斯托尔港望向圣玛丽红崖》
Bristol Harbou Looking towards St. Mary Redcliffe

《航海手绘》
Nautical Hand-colored

《历史悠久的海军舰艇和战斗之一》
Historic Naval Vessels and Battles No.1

《历史悠久的海军舰艇和战斗之二》
Historic Naval Vessels and Battles No.2

《纪念乔治 · 尼古拉斯 · 哈丁上校之一》
To the Memory of Captain George Nicholas Hardinge No.1

《纪念乔治 · 尼古拉斯 · 哈丁上校之二》
To the Memory of Captain George Nicholas Hardinge No.2

《纪念乔治 · 尼古拉斯 · 哈丁上校之三》
To the Memory of Captain George Nicholas Hardinge No.3

波科克的艺术生涯跨越了英国水彩画从早期的地形图阶段到繁盛时期的探索，水彩画由单色附着的方式转变为独立的完整作品，通过技术的探索、社会的需要而变得举足轻重。他作品的纪实性和功能性极强，也从侧面反映了英国水彩画的广泛应用，尤其是在军事作战方面的应用，但是经过艺术家的研究与思考，这些纪实性作品已经有了完整合理的构图，艺术家也积极探索水彩画独特技法的表现力，从手稿到完整作品的过程显示出艺术家依据事实精心构置画面的思路，水彩画已然在成为独立画种的道路上大步迈进。

参考文献：

[1] David Cordingly. Nicholas Pocock, 1740–1821 (Conway's Marine Artists, Vol. 1) [M]. Naval Institute Press, 1986.
[2] Nicholas Pocock. Life of Richard Steward [M]. Wentworth Press, 2019.
[3] Nicholas Harpsfield, Nicholas Pocock. A Treatise on the Pretended Divorce between Henry VIII. and Catharine of Aragon [M]. Wentworth Press, 2019.
[4] Martin Hardie. Watercolour Painting in British: the Romantic Period [M]. Batsford Ltd, 1970.
[5] Martin Hardie. Watercolour Painting in British: the Eighteenth Century [M]. B.T.Batsford, 1967.
[6] Simon Fenwick, Greg Smith. The Business of Watercolour (A Guide to the Archives of the Royal Watercolour Society [M]. Scolar Pr, 1998.

詹姆斯·查尔斯·普拉菲尔

James Charles Playfair

1845—1880

詹姆斯·查尔斯·普拉菲尔（James Charles Playfair）是英国水彩画家、蛋彩画家，圣约翰伍德画派的成员之一。普拉菲尔的作品以人物画、肖像画和风俗类绘画为主，多表现维多利亚时代上流社会的享乐场景和中产阶级的闲适生活。他的画风逼真写实、用色明亮鲜艳，善于刻画纷繁琐碎的细节，以高度精细的绘画风格闻名于画坛。然而，他在水彩画的材料和技法方面的大胆创新，在当时也引起了不小的争议。普拉菲尔一生未婚，35岁便英年早逝，在他短暂的一生中有四幅作品被选入皇家美术学院的展览，这为他赢得了广泛的社会声誉。

一、时代背景

十九世纪中期，英国正值第二次工业革命和科学革命，资本主义经济蒸蒸日上，殖民扩张也达到了顶峰，贵族阶级逐渐没落，资产阶级迅速崛起，此时的大英帝国正处在历史最鼎盛的维多利亚时代，史称“日不落帝国”。在社会剧变、科学进步，及欧洲艺术新思潮的影响下，英国也迎来了艺术蓬勃发展的黄金时代。

水彩画的崛起

这个时期的水彩画是艺术史上最浓墨重彩的一笔。一方面，早在十八世纪，欧洲的很多画家只是将水彩作为一种描绘手稿和设计图的工具，英国就涌现了一批水彩画名家，其中有不少美术史上声名显赫的人物。如保罗·桑德比（Paul Sandby，1730—1809 年），他是第一位用水彩创作的画家，被誉为“水彩画之父”；约翰·塞尔·科特曼（John Sell Cotman，1782—1842 年），他是诺里奇画派的主席；约瑟夫·马洛德·威廉·透纳（Joseph Mallord William Turner，1775—1851 年）将水彩细致化，利用水彩捕捉大自然光影的变化，影响了印象派；约翰·康斯太勃尔（John Constable，1776—1837 年），他创造了分层描绘的水彩方法和洗的技法，这些前辈为十九世纪英国水彩画的辉煌奠定了基础。

另一方面，1782 年，英国水彩画家威廉·吉尔平（William Gilpin，1724—1804 年）提出“风景如画”的概念，其旅行日记《怀伊河上的观察》（*Observations on the River Wye*）的出版标志着英国风景画独立成科。他在书中利用水彩画和文字结合的方式记述了他在英国乡村的旅程，把英格兰乡间如画的风景表现得淋漓尽致，这本旅行日记将水彩画作为一种简便、新颖的艺术形式进行了推广，在十九世纪的英国掀起了一波水彩画的热潮。

浑厚的历史基础加之水彩画流行的社会趋势，英国的水彩画社团终于在维多利亚时代开始萌芽。自 1800 年伊始至维多利亚女王登基之时（1837 年），英国水彩画家协会的发展达到了顶峰。其中有新水彩学会（New Society of Painters in Water Colours，1832 年），现称为皇家水彩画家协会（Royal Institute of Painters in Water Colours）；水彩画家协会（Society of Painters in Water Colours，1804 年），现称为皇家水彩学会（Royal Watercolour Society）；苏格兰水彩画家协会（A Scottish

Society of Painters in Water Colour, 1878 年), 现称为皇家苏格兰水彩画家协会(Royal Scottish Society of Painters in Watercolour)等。这些艺术家团体在不同的时期和地域都极大地促进了水彩画在十九世纪的繁荣。

二、人生经历

1. 童年时代

詹姆斯·查尔斯·普拉菲尔是维多利亚时期众多出类拔萃的英国水彩画家之一。

1846 年, 普拉菲尔出生于英国内伦敦区(North London)哈林盖自治市(London Borough of Haringey)的托特纳姆(Tottenham)。这里距离著名的查林十字街仅 11.3 千米, 在十九世纪时曾是当地行政区域的中心和中产阶级的聚居区。儿时的普拉菲尔家境殷实, 其父亲约翰·普拉菲尔(John Playfair, 1815—? 年)是当地小有名气的家具店商人, 母亲苏珊(Susan, 1812—1888 年)卒于伦敦伊斯灵顿, 是一名裁缝, 靠制作和售卖女士帽子贴补家用。普拉菲尔还有三个哥哥: 约翰·兰森·普拉菲尔(John Ranson Playfair, 1839—1883 年), 亨利·贾曼·普拉菲尔(Henry Jarman Playfair, 1841—1917 年)和威廉·爱德华·普拉菲尔(William Edward Playfair, 1843—? 年)。虽然他们的家族并没有什么艺术血统, 但詹姆斯·查尔斯·普拉菲尔在童年时期就表现出对艺术的热爱和在绘画领域的天赋, 15 岁时他就已经能为身边的邻居和朋友绘制肖像画了, 受到众人的称赞和鼓舞后, 小普拉菲尔立志成为一名画家。

2. 学生时代

普拉菲尔在学生时代就读于皇家艺术学院。在那里, 他接受了严格的绘画训练, 进行了大量的素描练习并经常利用空闲时间到各大美术馆去临摹古典大师的作品。对古典绘画的深入学习为普拉菲尔以后的写实主义画风打下了坚实的基础, 其中对他影响最深的莫过于德国北方文艺复兴时期的版画家阿尔布雷希特·丢勒（Albrecht Dürer，1471—1528 年），这位德国文艺复兴的先驱者和传播者，其1502 年的作品《兔》被认为开启了水彩画艺术的先河。丢勒可谓是普拉菲尔水彩画的启蒙导师，普拉菲尔受其影响主要体现在技术和风格方面，特别是他作品中那些精致入微的细节深深地吸引了普拉菲尔。丢勒在水彩画中利用十字交叉的小笔触来刻画细微之处、形体转折和色彩过渡，这样的绘画手法在普拉菲尔的作品中也大量体现，主要用于衣服、地板和壁纸的描绘，以及作品后期的深入调整；另外，丢勒水彩作品中细腻敏感的特质和自然主义的倾向，恰好迎合了维多利亚时代对于精致装饰、繁缛华美、逼真理性的艺术追求。

另一个对普拉菲尔的艺术风格造成极大影响的因素是当时正如火如荼的拉斐尔前派艺术运动（Pre-Raphaelite Brotherhood，始于 1848 年），拉斐尔前派的主旨是反对风格主义，他们的作品题材源于文学和神话，风格遵循写实的原则。一方面，拉斐尔前派强调细节、用色明亮鲜艳、构图复杂并追求装饰性的绘画特征正是普拉菲尔所追求的艺术风格。另一方面，拉斐尔前派强调探求自然和科学的精确性的主张得到维多利亚时代最著名的艺术评论家约翰·罗斯金（John Ruskin，1819—1900 年）的盛赞，并开始主导十九世纪中叶英国的艺术潮流。这种崇尚自然和科学的画坛思潮也促使普拉菲尔的艺术观念发生了转变。

这两种成分相结合最终形成了普拉菲尔自己独特的艺术语言，他钟情于人物画、肖像画和风俗画题材，痴迷于刻画那些零碎的细节，画面呈现出纷繁琐细、纤弱甜美的艺术感受。

图 7-1 是普拉菲尔的作品《被发现的信》。

3. 欧洲的旅行

1864 年，普拉菲尔前往德国、意大利等欧洲国家进行了一次长途旅行。在各地的参观和考察中，他深入了解和学习了文艺复兴时期的坦培拉绘画。这门绘画技艺在十五世纪就逐渐没落，但由于它是东正教圣像的传统绘画媒介，所以其技术得以保存下来。文艺复兴时期的坦培拉作品时隔四百多年仍能保持色彩的润泽度，普拉菲尔被这种温柔甜腻的尚古气息所打动，渐渐对这门古老的技术产生了浓厚的兴趣。在回到英国后，普拉菲尔便开始了坦培拉绘画语言的尝试，并把坦培拉技法应用在自己的作品之中。如今，普拉菲尔大部分的传世作品也都是利用坦培拉技法绘制的。

图 7-1
《被发现的信》
The Discovered Letter

4. 成为职业画家

从皇家美术学院毕业之后，普拉菲尔边继续自己的艺术创作边在父亲的家具店中做零工，父亲初期希望他能够继承自己的衣钵步入商界，但经过两年枯燥无味的工作，普拉菲尔的艺术家梦想愈发强烈。1865 年，年仅 19 岁的普拉菲尔首次在皇家艺术学院展出了自己的作品《沉思》(*Contemplation*)，并且在艺术学院的夏季展览会上将这幅作品成功售出。这使他更加坚定了自己的艺术信念，转而成为全职艺术家并在此后取得了斐然的成绩，很快便作为一颗水彩艺术界的新星在名家辈出的维多利亚时代的英国画坛崭露头角。

在之后的艺术道路中，普拉菲尔又结识了乔治·邓洛普·莱斯利（George Dunlop Leslie，1835—1921 年），他是英国风俗画家、作家、插画家，以及乔治·阿道弗斯·斯多里（George Adolphus Storey，1834—1919 年），他是英国肖像画家、插画家，两者将他吸纳为圣约翰伍德画派（St John's Wood Clique）维多利亚时代的英国画派的成员。

圣约翰伍德画派是十九世纪中叶一些坚守学院派绘画风格的画家们联合组成的艺术家团体，他们中的大部分成员都居住、活动在伦敦的圣约翰伍德地区，故而得名圣约翰伍德画派，这里距离普拉菲尔的家仅 11 千米。圣约翰伍德画派主张真正优秀的艺术应当由公众评判，并认为艺术应该脱离高等的学术研究和纯粹的理论观念。他们中的大多数人都受到拉斐尔前派的影响，作品风格以现实主义为主，忠实呈现自然，内容多表现当下现实生活或历史主题。这些主张与普拉菲尔的艺术观点不谋而合，他很快成为画派的会员并常在这里举办展览和组织水彩画活动等，有时也和其他画家一起举行关于艺术和美学的辩论会。

普拉菲尔终身未婚，他一生在皇家艺术学院展出过自己的四幅作品《沉思》（*Contemplation*）（见图 7-2）、《梳妆》（*Toilet*）、《孤独》（*Solitude*）（见图 7-3）和《庞贝古城》（*Pompeii*）（1861 年展出《沉思》，1872 年展出《梳妆》，其他作品展出时间不详）。1886 年，作品《孤独》被沃克美术馆（The Walker Art Gallery）收藏，并于 1892 年参加利物浦（Liverpool）的绍斯波特百年水彩展（Southport Centenary Exhibition）。1880 年 6 月，年仅 34 岁的普拉菲尔因患肺结核病而英年早逝，终卒于伦敦市伊斯灵顿区。

图 7-4 是普拉菲尔的作品《弹钢琴》。

图 7-2
《沉思》
Contemplation

图 7-3
《孤独》
Solitude

图 7-4
《弹钢琴》
At the Piano

三、风格和技法

1. 现代题材

普拉菲尔的画作以描绘现代题材为主，他把目光集中在周围的邻居和朋友身上，从自己的现实生活和维多利亚时代流行的社会主题中汲取创作灵感，意气风发的青年、婀娜多姿的少女、文雅闲适的贵族生活、卿卿我我的爱情世界都是普拉菲尔想要表达的内容。

例如，他的代表作《信》（见图 7-5），一位姿态柔美的少妇手持书信似在微笑抑或是在沉思，让人不禁猜想那是情书还是手信？作品中地毯、服饰、木制椅子和桌布上被精雕细琢处理后的装饰图案透露着高贵理性和机械化美感的气息。从这幅画作中我们可以品读到维多利亚时代的社会面貌，1860 年左右，英国曾时兴起文学浪潮，上流社会一度痴迷于创作诗歌，在拉斐尔前派创始人、艺术家丹蒂 · 加布里埃尔 · 罗塞蒂（Dante Gabriel Rossetti，1828—1882 年）的带动下，爱情和女性题材被艺术家们广泛关注。普拉菲尔作品中那些复杂、优柔华贵的装饰图案，显然受到同时代被誉为工业设计之父、定义了维多利亚时代的审美观的工业设计师威廉 · 莫里斯（William Morris，1834—1896 年）的影响。

2. 精细的风格

在风格上，詹姆斯 · 查尔斯 · 普拉菲尔坚持现实主义的创作原则，虽然画幅尺度不大，但人物的造型组合、情节的安排、场景的表现和细致入微的刻画程度毫不逊色于古典油画。

特别是他对细节的深入程度令人咋舌，从构图到色调，从人物的面部表情到肢体动作的刻画都面面俱到，人物表情惟妙惟肖，姿态栩栩如生。在很小的画幅上也能把家具、地毯、鲜花、高脚杯等琐碎的道具都巧而精地表现出来。刻画建筑的细节和不同物体的材质是普拉菲尔的拿手绝活，特别是布料和木制家具，即使是桌角的弧形透视，墙纸上精密的装饰花纹，丝缎裙子上的一抹反光也能优雅准确地刻画出来，画面中洋溢着一种生动宁静的情绪和张扬的生命力。

图 7-5
《信》
The Letter

普拉菲尔理性严谨、细针密缕的手法赋予了作品高贵的品质，深入观察他的作品，即便是当代最优秀的水彩画家也会被他惊人的耐力和沉浸其中的创作状态所折服。

3. 技法

普拉菲尔是一位观念前卫、敢于挑战传统并具备突破精神的画家，他的作品之所以能做到油画般细腻的效果，在很大程度上得益于他在水彩技法上的大胆创新和勇敢尝试新的绘画材料，包括复兴坦培拉绘画、使用白颜料和色粉等技法。

坦培拉技法

普拉菲尔除擅长水彩画外，他的很多作品也运用了坦培拉的绘画技法，这种技法又被称为蛋彩画，是用去了膜的蛋黄调和颜料后绘成的画，由于颜色干后容易皲裂，所以必须画在表面坚硬不易弯曲的材料上，正因如此，普拉菲尔的坦培拉作品都将纸紧紧地裱在木框上防止纸面弯曲导致画面开裂（坦培拉绘画需要利用石膏涂料作底，但也有画家能在纸面上作画，普拉菲尔使用了什么方法在纸面上作底，笔者并没有查到相关信息），他作画的态度如同“画工程图纸”和“做手术”一般缜密，由于蛋彩画颜料干得快，所以每次只能上薄薄的一层，然后利用小笔触反复遮盖、描绘，使其均匀地形成肌理，极具耐心并细致入微地刻画细节，同时也在丰富线条和色彩的变化。普拉菲尔的工作顺序是从亮色开始逐渐加深层次，一层一层直至最暗的色彩完成画作。蛋彩画干后颜色会变得柔润而具有光泽，使他的画面效果达到一种油画的厚实感，同时又保留了水彩语言的通透性，增强了画面的表现力。

坦培拉绘画在十五世纪逐渐没落，直至十九世纪普拉菲尔和拉斐尔前派的少数画家才断断续续地开始恢复使用这门古老的技艺。或许是担心棱角分明的笔触会破坏画面中温柔细腻的感觉，普拉菲尔对这种技法的使用是如此的克制，如果我们不拿着放大镜贴近画面仔细观看，几乎发现不了这些细如牛毛的小笔触。

中国白颜料（Chinese White）

除此之外，普拉菲尔最重要的技法就是白颜料的使用，这在当时是颇具争议的话题。1834 年，温莎 · 牛顿公司（Winsor & Newton，始创于 1832 年）推出了他们的新产品“中国白”，这是一种专门为水彩画制造的极细的氧化锌颜料。这种白颜料有类似水粉的不透明性，其在水彩画的运用中主要有三种作用：一是能更方便地画出朦胧的雾气效果，二是白色的使用让水彩能够刻画出更微小、更逼真的细节，三是当白颜料与其他颜料调配时，其调和后的颜色仍具备一定的遮盖力，并且特别适合描绘人体的肤色。

中国白由于其独特的优点很快被普拉菲尔欣然接受，他将白色用于作品细节的刻画和肤色的调制。如果我们仔细观摩普拉菲尔所描绘的人物，会诧异于她们干净而洁白的皮肤上看不到任何水的痕迹，却能够完美地贴合水彩的艺术本体语言和整体的色调。另外，普拉菲尔作品中的很多细节，诸如蕾丝面料的袖口、桌角、玻璃器皿的高光部分，也都是利用中国白颜料直接点缀的，高光的精确把握使物体的质感更贴近现实，衣服细节的处理也更生动自然了。除此之外，白色的运用也增强了色彩的对比，经过白颜料精细打磨后的水彩画能够做到油画般充实精致的效果，这种独特的视觉感受在很大程度上得益于中国白的优势。

如今已无人再去纠结水彩画能否使用白颜料的问题，但在当时，“能不能破坏水彩的透明性？”这个问题却是艺术评论家和水彩画家协会争论的焦点。虽然透纳早已经开始使用白色，但更多保守的水彩画家还是抵触这种白颜料，并认为使用白颜料会破坏水彩画特有的艺术魅力。但也有持不同意见的人，约翰 · 罗斯金在他于 1857 年完成的著作《绘画要素》（*The Elements of Drawing*）一书中就积极肯定了中国白的意义。但即便如此，反对使用白颜料的观点还是当时水彩画圈子里的主流声音，因此普拉菲尔遭到水彩画协会和一些艺术评论家的谴责和批判，但是他对白色的运用时至今日对当代的水彩画家仍有启发意义。

色粉（Pastel）

除了使用中国白颜料，普拉菲尔在整体画面已经完成后还会在人物的脸和手部使用色粉材料做局部更深入的描绘。色粉在过去一直被认为是轻浮、单薄的绘画工具，因而很少被艺术家使用，直至十九世纪中叶才有画家在作品中运用这种材料，如法国印象派画家埃德加·德加（Edgar Degas，1834—1917 年）、法国浪漫主义画家欧仁·德拉克洛瓦（Eugène Delacroix，1798—1863 年）、法国现实主义画家让·弗朗索瓦·米勒（Jean François Millet，1814—1875 年）、法国画家和印象主义的奠基人爱德华·马奈（Édouard Manet，1832—1883 年）等，普拉菲尔是当时英国少数使用该材料的画家之一。

普拉菲尔利用色粉凸显了人物皮肤的质感并强化了人体关键的结构，在皮肤与头发的交界处还利用色粉排线条做柔和的过渡。被色粉强化后的画面呈现出更细腻的效果，并且色粉能够刻画出更精致的细节和更丰富的色彩。由于对色粉工具的熟练运用，普拉菲尔能够在不过拇指大小的区域内画出惟妙惟肖的人物肖像，仔细观摩他所描绘的人物面庞，仍隐约能看见淡淡的“素描”踪影。

四、艺术观点

普拉菲尔认为，艺术应该由社会和公众来评价，而不是取决于是否符合既定的学术理想。他祈望自己的艺术能够始终与时代、社会和现实之间保持亲密的联系。因此，普拉菲尔放弃了十八世纪传统的英雄人物和宗教故事题材的绘画，而是将关注点聚焦在自己生活中熟悉的人和物。作为圣约翰伍德画派的一员，普拉菲尔的作品中并没有深刻的政治主题或复杂的艺术观念，他也拒绝艺术批评家的建议和现代派艺术理论的评判，始终坚守于描绘市民阶层的题材类绘画。

普拉菲尔使用细腻的手法和鲜艳明快的色彩，即使是鲜艳的色域也表现出了丰富的层次和微妙的变化，并且仍旧能保持水彩的通透明亮。他所描绘的角色或是身穿束身长裙温文尔雅的美妇，或是彬彬有礼的绅士形象；角色或是阅读或是低头冥思；人物刻画气韵儒雅；面部表情生动自然；肢体动作和服装配饰，以及各人物之间情节性关联的安排都处理得严谨缜密。作品呈现出高贵娇媚、纤细华丽的忧郁气质。

普拉菲尔这种细腻精致的艺术品位，正映衬维多利亚时代贵族们嗜好喝茶、痴迷瓷器、追求精致儒雅的生活和崇尚浪漫的爱情的社会风气。普拉菲尔正是这个时代的见证者和记录者，他用画笔向我们展示了维多利亚时代英国的社会情态和种种风貌。

五、作品解读

图 7-6
《音乐会》
The Music Evening

图 7-6 的这幅《音乐会》是詹姆斯·查尔斯·普拉菲尔最具代表性的作品之一。一群围绕钢琴的青年男女，有人弹琴、有人吹笛，夹着小提琴的红衣男子好似在低头研究着乐谱，而右侧的一对男女此时正交头接耳说着悄悄话，唯恐传出的说话声扰乱乐队的演奏。画面整体色调高度协调，用色鲜艳丰富、明亮通透，精微润饰的笔法给予作品逼真的触感，刻画精巧入微的细节展现了作者敏锐的观察力，巧妙的戏剧性情节赋予了作品生命力，让观众仿佛真实置身于余音缭绕的房间之内，具有强烈的感染力。

图 7-7
《音乐会》（局部）
Part of *The Music Evening*

普拉菲尔的作品最为人所称道的就是对细节的极致追求（见图 7-7）。站在这样的画面前是没有所谓不远不近的最佳观赏距离的，对普拉菲尔的作品而言，越近观赏就越好，只有越近的观察，才能越深刻地为其高超的技艺所折服。他擅于塑造不同布料的质感：男士的带有丝绒感的上衣、光滑材质的裤子、贴合身型的长袜；女士身上带有精致印花的长裙……如果不是亲眼看到，甚至很难想象那样小的画幅和精妙如牛毛般的笔触。这是画家对单纯技艺的追求，只是看着画面，就足以想象画家为其付出的无数心力和精力，并为之倾倒了。

《一位坐在桌旁读书的绅士》
A Seated Gentleman Reading at a Table

《冥想》
Meditation

《修补匠》
The Tinker

《拿花的女孩》（左图）
The Flower Girl

《女孩与鹅》（右图）
The Goose Girl

《坐在房间中读信的女士》
Lady Seated in Interior, Reading a Letter

如今我们耳濡目染的位列美术史上的水彩画名家，无一例外都是站在油画史观的角度选拔出来的。众人秉持着具备油画难以企及的画面效果才是优秀的水彩画作品的观念，给水彩画贴上了追求自然洒脱、表象意趣的标签，大部分人印象中的水彩画也是轻松明快、润泽透明、水痕流淌的速写式风格。而普拉菲尔创作了大量繁缛华美、精工细琢的水彩作品，向公众展现了水彩画庄重、严整、理性的一面，并且“小巧而精致”，描绘相同的主题却呈现出与油画截然不同的视觉体验。普拉菲尔的作品广泛涉及社会题材，在维多利亚时代就受到公众的极大欢迎。

在技法层面，普拉菲尔又是开拓者和革新者。他具备勇于变革传统的精神，对新材料的尝试极大地丰富了水彩语言和技法，也在一定程度上促使其他水彩画家改变了对水彩画的固有观念，为水彩画的创作提供了新的可能性，让人们真切体会到水彩所能发挥的极致效果。在普拉菲尔和其他英国水彩画家们共同的努力下，十九世纪的水彩画呈现焕然一新的面貌，并真正独立为一个新画种，铸就了维多利亚时代英国水彩画光彩夺目的历史，并开始影响俄国、美国等国的水彩画创作，亦促使其形成各自的面貌。

参考文献：

[1] William Gilpin. Observations on the River Wye [M]. R. Blamire, 1789.
[2] John Ruskin. The Elements of Drawing [M]. Dover Publications, 1971.

约西亚·伍德·温珀

Josiah Wood Whymper

1813.4.24—1903.4.7

一、时代背景

1. 十九世纪的大变动

十九世纪的英国率先完成了工业革命，革命的果实让英国成了世界上第一个现代化国家，并顺应改革的浪潮发展成为当时的全球第一大国。工业革命为英国带来了经济的强盛，科学技术的进步，使得人们的生活质量和生产方式发生了飞跃式的变化，随之而来的是文化领域的改变，对世界的新认知打破了诸多传统的愚昧观念，人们开始用理性科学的目光看待世界。

2. 艺术领域的观念革新

1862 年，英国作家帕尔格雷夫（Francesco Turner Palgrave）写道："本世纪我们的艺术生命力差不多在于风景画和情节画中，两者实际上是最近六十年出现的。"十九世纪初英国本土的浪漫主义画家将目光投向了在绘画题材中不被重视的自然风光，致力于捕捉自然风景中绚丽变幻的光线、影影绰绰的树荫、磅礴汹涌的大海等动人心弦的景色。风景画家的大力推动使风景画繁荣起来，备受艺术市场欢迎，并一改之前无足轻重的地位。其中最具代表性的画家就是英国艺术界的瑰宝人物：约瑟夫·马洛德·威廉·透纳（Joseph Mallord William Turner，1775—1851 年）和约翰·康斯太勃尔（John Constable，1776—1837 年）。从他们存留至今的画作中我们依稀可见当时整个英国对于风景画的偏好，由他们发展的独特艺术风格直到今日也依然有着深刻的影响。对于英国艺术史来说，这是一次观念的革新，风景画一跃而起，成为艺术界的新贵。

除了在英国大地上轰轰烈烈发生着的艺术变化，在科学技术推动下产生的再现现实的摄影技术也让艺术家们有了深深的危机感，艺术家们开始想方设法从对现实的描摹中逃脱出来，试图探寻艺术的真谛，研究绘画的本体语言。在与英国隔着英吉利海峡遥遥相望的法兰西，酝酿着让人耳目一新的文艺潮流，印象派和后印象派应运而生。印象派从英国浪漫主义风景画中汲取营养，又带入了艺术家对绘画语言的不同诠释。这两个新兴派别所提倡的艺术观念在艺术领域掀起了轩然大波，引发了新的革命浪潮，当时的艺术家们也许并没有意识到他们手中的画笔会对世界艺术史和现代艺术的发展产生怎样深远的影响，但这股潮流时至今日依旧是艺术领域散发着永恒光芒的灯塔。

图 8-1
约西亚 · 伍德 · 温珀肖像

二、艺术生涯

1. 人生经历

约西亚·伍德·温珀（Josiah Wood Whymper，1813—1903 年）（见图 8-1）出生在英国伊普斯威奇（Ipswich），他是啤酒酿造商纳撒尼尔·怀珀（Nathaniel Whimper）的次子，虽然身在商人家庭，但他却从小就对艺术产生了浓厚的兴趣。据说他少年时代在一个名不见经传的石匠身边做学徒，而这个经历影响了他后来的艺术风格。1829 年，温珀的母亲去世，于是他决定离开从小生活的小镇，远去伦敦并定居下来。在伦敦，他师从画家威廉·科林伍德·史密斯（William Collingwood Smith，1815—1887 年），在老师那里他初次接触了水彩画。最开始他希望能在雕塑家的工作室学习工作，但却遭到了拒绝，出于想要独立生活的决心，他和他的兄弟埃比尼撒（Ebenezzar）在伦敦创办了一家木刻公司。他们的木雕业务非常成功，他们的公司甚至成为伦敦最知名的木刻公司之一。此后，温珀用木刻的手法制作了许多书籍的插画作品，从约翰·默里（John Murray）等出版商那里获得了绘制拜伦的《恰尔德·哈罗德》（*Childe Harold*）等作品的机会。他还为《伦敦新闻画报》（*Illustrated London News*）和《星期日在家》（*Sunday at Home*）等期刊工作。他以绘画作为谋生的手段，所以平生都在精心钻研写实刻画的绘画技巧，始终以非常严谨的态度对待每一幅作品。

1837 年，温珀和他的第一任妻子伊丽莎白（Elizabeth Whitworth Claridge，1819—1859 年）结婚，他们的婚姻生活非常和睦温馨，但天意弄人，幸福的时光总是短暂易逝的，妻子的身体每况愈下，之后温珀一家搬到黑斯尔米尔（Haslemere），他怀着侥幸但迫切的心理，希望这里的“高山”空气对他妻子的健康有所助益。可惜的是，在他们搬家的几周之内，伊丽莎白就去世了。他怀着对伊丽莎白深深的思念独身生活了很久。七年之后，由于志趣相投，他与艾米莉·赫本（Emily Hepburn，？—1886 年）结婚，她同样是一位才华横溢的水彩画家。温珀的一生都处于英国历史上最繁盛的时期，在这样经济繁荣富庶、政治安定祥和的社会背景下，他的生活保持在平静安稳的状态中，这也使他能自始至终完全沉浸在艺术的世界里。

2. 艺术成就

温珀活跃于黑斯尔米尔（Haslemere）和欣德黑德（Hindhead）的当地艺术界，于1854年成为新水彩学会（现为皇家水彩画家协会）的成员。1894年和1895年，他在黑斯尔米尔镇艺术家协会展出一系列作品，并在1898年成为镇上艺术家协会的会长，直至去世。时至今日，漫长的历史给他冠上了优秀的英国画家、雕刻师和插图画家的荣誉勋章。他最出色的木刻作品被收录在诗人斯科特(Scott)的《诗歌集》（*Poetical Works*）、《风景如画的欧洲》（*Picturesque Europe*）（卡塞尔，1876—1879年）；拜伦的《哈罗德公子》（*Childe Harold*）中。他于1903年4月7日在黑斯尔米尔的别墅去世，之后被埋葬在黑斯尔米尔教堂墓地。他的作品大部分被伦敦的维多利亚及阿尔伯特博物馆（Victoria and Albert Museum）收藏并展示。

三、绘画风格

1. 艺术形式

水彩画

十九世纪的英国正处于水彩画艺术蓬勃发展的时期，由于英国潮湿多变的气候紧紧贴合着水彩画水色淋漓的特性，同时，水彩画材料在写生时方便携带，且拥有极强的表现力，使水彩画受到了许多画家的青睐。

温珀在营造写实画面的同时避免了古典绘画传统中层层晕染的画法，将缤纷的色彩和琐碎的笔触大胆地挥洒在画面中，而我们从这些具有强烈个人特色的绘画作品中可以看到这些放松的笔触，快速用颜色的冷暖塑造出画面氛围的方法对印象派产生了一定的影响。他大部分的水彩画作品尺幅都不大，内容以风景为主，人物多融入动人的自然环境中。他的水彩画远观效果生动且整体氛围强烈，近看时才会发现飞扬的笔触与大胆的用色，画面上氤氲着温珀倾泻在画面中的个人情绪。

版画

因为经常参与书籍插图的印刷和创作，温珀的作品以版画居多。与写生时惬意随性的水彩画相比，这些版画作品沿袭了他一贯的写实风格，致力于描摹现实世界。作品始终保持着非常传统的木刻版画风格，以精心设计的疏密有致的线条来表现块面关系和明暗变化。每个动物的姿态都有所不同，生动自然，甚至眼神也充满顾盼生辉的情态，体现出作画者纯熟而高超的技术水平。在早期的许多木刻作品中，温珀均会在画面中签署上 Whymper，这是他的姓氏 Whimper 的原始拼写，也成为后世人们辨认他的作品的根据之一。

2. 个人风格

题材

翻阅英国绘画史，我们会发现在十九世纪以前，风景从未作为独立的绘画主题出现，占据主流地位的始终是肖像和历史题材，而拥有一副自己的肖像画是上流社会和贵族阶级用来满足虚荣心的资本，他们的旨趣与学院派不谋而合，垄断了绘画的话语权和艺术市场。在这种情况下，名利的驱使让画家们对流行题材趋之若鹜，而对风景画却鲜有问津，风景画家更是被贬为“三流画家”，这使得长久以来风景画的研究始终没有系统化。

直到理查德·威尔逊（Richard Wilson）首次将自然风景作为画面的主要内容和特定描绘对象，风景画才终于摆脱了作为人物画和历史画背景的衬托作用，拥有了独特的抒情意义。在英国大肆兴起的浪漫派风景题材成为一场带有革命性质的绘画运动潮流，在其后的百年中，涌现出诸如透纳、康斯太勃尔、理查德·威尔逊、保罗·桑德比（Paul Sandby）、约翰·塞尔·科特曼（John Sell Cotman）等闻名遐迩的艺术大师。

在风景画受到市场的欢迎和追捧的大势所趋之下，如诗如画的外界景色和愉快放松的写生活动吸引了大批画家，温珀就是其中一员。他的画面中最为独特的魅力，就是他没有将日常生活与自然风景割裂开来，而是将两者自然地融为一体，很难说清楚风景和人物谁才是画面主体。温珀的画面像是在展现自然与人物之间的和谐关系，他选择的绘画主题非常日常，经常选择诸如伐木或野餐等场景。他的大部分作品画面中自然和人物是有所互动的，人物只是环境的一部分，画面中的人物似乎没有意识到自己在一个怎样美好的景色里，只是忙着自己的事情，如同一个多彩的笔记，将生活的内涵融入作品当中，在劳作与写生中发掘普通的人与自然之间的美好一幕。

对比同样出现在十九世纪的批判现实主义绘画，虽然温珀和批判现实主义的画家们共同关怀的都是底层人民现实生活的方方面面，但不同之处在于批判现实主义始终以审慎的目光看待生活，批判现实主义的画家们关注的是社会生活的矛盾和黑暗面，而温珀则善于寻找生活中的闪光点，在他眼中，自然是亘古恒久地存在着的，不是任何事物的附属衬托。因为温珀所处的年代没有战争混乱，亦没有动荡飘摇，他从容安稳地度过了一生，这一切让他的画作中从未流露出对生活的怨怼，他关注的不是为生活奔波努力时的艰难辛苦，而是努力过后的岁月静好。劳作能带给人的，除了自给自足，还有内心对生活的无限期待，所以哪怕是辛苦的劳作，在温珀眼中也有美好的一面。

技法

温珀的水彩画中用到的作画技法不同于当时比较常用的先用大面积晕染，再在阴影处用同色系深色或深褐色叠加色彩的方式，他的手法或许借鉴了其老师威廉·科林伍德·史密斯的方式，不同的是，威廉用同种颜色的碎笔去表现，而温珀则更加大胆地丰富了颜色，并用放松和细碎的笔触来塑造画面。

通过色彩绚丽的碎小笔触表现场景，在保证了明暗关系的基础上，更增加了色彩的冷暖变化。自由随性的用笔方式，不仅是出于写生时对于作画速度的需要，也与十九世纪印象派绘画的影响有关。面对写生时瞬息万变的场景，温珀选择用快速的笔法塑造画面，光影的变化和冷暖色彩的碰撞在画面中呈现出来。比起表现大自然亘古不变又深刻稳重的一面，温珀更着迷于它变幻莫测难以捕捉的多彩风光，对于光与彩的执着，正是其个人艺术语言散发独特光芒的源头。

四、作品评价

除了作为书籍插图所需要的特定题材，如鸟类和动物类型的版画，温珀还有许多水彩作品，以表现人物与生活的小幅风俗画为主。同为英国的水彩画家，在他的作品中流露出的不是像透纳那样对自然的敬畏，对无可匹敌力量的讴歌，而是平静安详的对生活的歌颂，这也正是那个时代的英国和世界在温珀面前展露的面貌。

十九世纪的世界发展可以说是日新月异，但温珀一直以来描绘的波澜不惊的水面和缥缈旷达的天空，以及在他生活中自得其乐的人们，都是这个时代异彩纷呈下的另一种面貌，是后世人们在谈论十九世纪各个领域发生的重大变革时，从不曾关注的普通民众世外桃源般的平静生活，是那些认真沉浸在生活中的人所传递出的人生真谛与生活本质。

温珀一生没有离开过英国，没有经历贫困和疾苦的他，对于场景的呈现亦是如此平静真实，当观者面对他的画面时，那些简单却美好的场景仿佛穿越时间和空间的局限再次呈现在眼前。温珀笔下的英国在某种意义上是永恒的。画者已经与世长辞，但作品永存。

五、作品解读

图 8-2
《野餐》
Picnic

《野餐》（*Picnic*）这幅水彩作品大小只有 25 厘米 ×13 厘米，在这样小的尺幅中，温珀生动地刻画了一幅群像（见图 8-2），这无论对于技法的掌握还是画面的协调都是相当大的挑战，温珀用自己擅长的细碎笔触塑造了整幅画面，哪怕是天空中也有微妙细致的变化。画面用较为松动随性的笔触营造出来，人物的面容也没有细致地勾勒，似乎是在某个下午兴致所至随笔而为。

远处的天空布满了灰云，可能马上就要下雨，天地交界的地方还隐约可见蓝灰色的远山和海面。地面上除了开阔的草坪和人物，也少有其他装饰。比起优哉游哉的层层晕染，作者更强调用水彩快速记录，尤其在处理草地和天空的时候，用很多细碎的笔触表现整体的色彩变化。这样随性自在的笔触，不仅突出了作者独特的个人风格，更体现出作者对人物姿态精准到位的捕捉。

图 8-3
《野餐》（局部）
Part of *Picnic*

我们能够看到画面中主要人物有九个人，其中三个男性，剩下的六个女性中有两个孩子（见图8-3）。在背景中还有其他人物出现，但整体和谐而自然，并不显得突兀或杂乱。处于画面中心的几个人物之间的情感氛围与构图间的起承转合相呼应，让观众的目光可以跟随着画面构图，将人物一个一个地仔细看过去。虽然没有对人物极其细腻的刻画，但从服装和姿态的不同就能清晰地感受到男女老幼角色的不同。除了背对观众的男子，其他人的面部全部是朝向左边的，好像男子正在说话，其他人认真倾听一般的姿势，将男子与其他人区分出来，让人物联系更密切的同时也起到建立画面架构的效果。

这些绅士淑女们在草地上或坐或卧，共享一段优哉的空闲时光。画面的氛围让人好像能闻到潮湿微咸的海风，女士略微鼓起的裙摆能感受到风吹拂在皮肤上的质感。画家以背对观众，斜倚在地面的男性为起点，到穿着米色连衣裙的女孩为结束，让这九个人围成一个结构上的圈，放在画面的中心位置。但是温珀没有将这个圆连接起来，这个圈的一头一尾穿着色彩最强烈的衣服，男性穿着的是这九个人中相对色彩最深的，而女孩的是相对色彩最浅、最亮的，中间留空了一点位置，给了构图一个突破口。头尾的色彩设计能保证观众在第一眼看到画面的时候视线不会被中间的人带走，而是首先看向背对着的男子身上。再顺着他的眼神指向看到与他目光相交的角色身上，再看向旁边，不会遗漏任何人物。观众会将自己带入画面中，视线也随着人物的眼神交流自然地流淌。这样的处理方式在许多经典作品中都出现过，比如夏尔丹的油画作品《午餐前的祈祷》，也是通过画中母亲和女儿眼神的转移控制观众的视线的。在描绘人数比较少的情况下，这种做法固然好用，但要将九个人的构图和他们的相互关系理清楚，又要控制画面有如交响乐一般的节奏感还是有相当高的难度的。温珀的画作中对人物的表现十分出彩，九个人的情态各有不同，自然惬意的氛围萦绕在人物周围，没有一个人落单，他们彼此之间有所联系，又融为一体。整个画面洋溢着和谐融洽的气氛，以及生活随时间静静流淌的惬意。

图 8-4
《英国纽马克特》
Newmarket，United Kingdom

除了上述作品，温珀也在其他作品中展现过对于色彩的把控能力，比如《英国纽马克特》（*Newmarket，United Kingdom*）(见图 8-4)，温珀描绘了纽马克特伐木工人正在工作的一幕，这是一幅大小只有 12 厘米 ×17.5 厘米的风俗画作品，画面整体是从上往下的俯视视角，这种视角下的大地和树都是歪歪扭扭的，高大的林木顺着陡坡野蛮生长着，在大片绵延的草地和树林的身后则是平直的海岸线与海平面。

曲线与直线的结合丰富了画面的构图，画面靠右侧有两个伐木工人正在休息，从两人的姿态就可以看出他们经过一天劳作后的疲惫倦怠：其中一个人背靠着砍倒的大树坐在草地上，双臂撑着膝盖在休息，另一个人则整个身体放松着，往前靠伏着大树。和人物相比，树木显得巨大，如果单从所占画面面积来看，倒会觉得这棵伐木横在画面正中心的位置，而人物则渺小到五官模糊，可实际上，和《野餐》中对画面的处理方式一样，温珀用色彩的对比和构图的变化引导观众将第一视线落在人物身上，周围的树干都呈现出深色，人物头戴的白帽子和亮眼的蓝色衣服让这个角落在第一时间抓住观众的眼睛，顺着他们身体的动势细细再看，才会发觉那棵躺倒的树。这样有趣的安排保持了人物与环境之间的延续性，也用倒下的树做画面语言上的一条横线，让画面的左右侧立着的大树有了连接，让画面空间结构的两侧不至于孤立，不得不说用心良苦。

图 8-5
《英国黑斯尔米尔》
Haslemere, United Kingdom

除了有人物的风景，温珀画过的纯粹的风景画也不在少数，他的风景画展示了生活中惬意美好的景色，还原了英国本土的山水风情，如图 8-5 的这幅风景水彩画《英国黑斯尔米尔》（*Haslemere*，*United Kingdom*）就如实刻画了温珀一直居住的黑斯尔米尔的风景，田野与水面在他的笔下似乎有了生命一样，一小片简单的篱笆、一棵树，以及高耸的麦堆和远处的田野，天空中大片留白只有几只飞鸟作为点缀，宁静的水面上则投映着朦胧的倒影，似乎还泛着灿烂的金光。我们凑近些能看到细腻的笔触，温珀是在大致晕染上色后再用小笔触细致地塑造的。比起现实世界的颜色，温珀更注重整体的氛围和绘画本体语言的美感，从天空到大地，整幅画面呈现出和谐朴实的米色调，似乎在暗示这是一个丰收之季，让人联想起米勒所画的仿佛永恒劳作着的农耕场面。温珀通过色调和氛围营造了一个安静致远的空间，让这个空间里充满了浪漫的诗意。

图 8-6
《英国黑斯尔米尔（之二）》
Haslemere, United Kingdom

同样名为《英国黑斯尔米尔》（*Haslemere, United Kingdom*）的作品，温珀画过不止一副，可见他对这片土地的热爱。图 8-6 的这幅画不同于上一幅作品，温珀选择了很宏大的场景，画家在黄昏日落之后站在高处极目远眺，夜幕即将降临，近处的山坡上隐隐可见的几个人、中景的树木、远方的高山都被他尽收眼底。整体色调暗沉而柔和，这种偏灰色基调一旦控制不好，画面就会显得脏乱，但温珀将灰色用得恰到好处，让画面处于朦胧又鲜明的基调中。比起上幅画面中统一色调对氛围的营造，这幅画更注重事物自身固有的色彩，绿色的草坪和露出的土地、树木的橘色树叶、在大地边缘的水面、水面另一边泛着蓝色的远山、雾蒙蒙的天空、偏红色的土地，这一切丰富的色彩都被温珀纳入画幅中，呈现了一个在黑夜将至之时依旧色彩斑斓的世界。

图 8-7
《鲟鱼》
The Sturgeo

图 8-7 是一幅作为书籍插画的温珀版画作品，以鲟鱼为主体，考虑到鲟鱼的生活环境，作者将背景设计成了海洋，海面上的帆船和远山构成了丰富的画面关系。和水彩作品中的细碎笔触不同，温珀的线条和笔触都是顺滑流畅的，构图非常讲究画面的和谐。

图 8-8
《巨蟒》
The Boa Constrictor

在版画作品中，温珀的每幅作品构图都有所不同，在考虑画面美感的基础上，温珀会再加入自己的奇思妙想。在图 8-8 这幅名为《巨蟒》（*The Boa Constrictor*）的作品中，一条蜿蜒的蛇身披艳丽的花纹、吐着信子，背景中穿插着各种奇异的植物，在远处还有一只小猴子荡在树梢上，这只仅有蟒蛇头部大小的猴子与蟒蛇的体形形成了强烈的对比，为这幅画增添了奇异的色彩。

《海狸》

The Beaver

《英国巴特》
Battle, United Kingdom

《亚伦德尔的磨坊》
The Mill, Arundel

《大运河景观》
View of the Grand Canal

《贝恩斯·汉普顿和利特伍德》
Bearnes Hampton & Littlewood

《渔夫和儿子》
Fisherman and Son

《儿童赛纸船》
Children Racing Paper Boats

温珀生活在一个波澜壮阔的时代。后世的人们总是探索研究十九世纪英国发展中举足轻重的或光鲜或深刻的方方面面，但实际上，生活展现在人们眼前的本质样貌并没有不同，除了那些被津津乐道的伟大革命，更多的人能切身感受到的是平凡而普通的日常，是真正有生活痕迹的十九世纪。温珀的作品正是有着这样的韵味，以平凡的画面展现不平凡的时代，作品表现出的生命力诉说着生命的真谛，将生活的味道展现得淋漓尽致。

参考文献：

[1] Anon. Puss in Boots-Illustrated by Josiah Wood Whymper [M]. Pook Press, 2016.
[2] Josiah Wood Whymper, Louis John Jennings. Field Paths and Green Lanes: Being Country Walks, Chiefly in Surrey and Sussex [M]. Wentworth Press, 2016.
[3] Anonymous, Claude Reignier Conder, Josiah Wood Whymper.Tent Work in Palestine. A record of Discovery and Adventure by C .R. Conder, with illustrations by J. W. Whymper, vol. II [M]. British Library, 2011.
[4] 约翰森德兰 . 英国绘画 1525-1975，刘明毅，唐伯祥译 . [M]. 上海：上海人民美术出版社，1991.

艾尔弗雷德·埃杰顿·库珀

Alfred Egerton Cooper

1883.7.5—1974.5.11

艾尔弗雷德·埃杰顿·库珀（Alfred Egerton Cooper，1883.7.5—1974.5.11）是英国著名的肖像画家、水彩画家，他还是一名皇家御用画师，为英国一些最有权势和最著名的人作肖像画，其中包括著名的温斯顿·丘吉尔爵士（Sir Winston Churchill）、女王陛下，以及乔治六世等。库珀的画作显现出深刻的现实主义倾向。

一、流派纷呈的时代

艺术与我们生活的社会是紧密相连的，艺术家的创作风格和绘画理念因为生活环境的变化而改变。十九世纪印刷术及摄影术的发明挤压了架上绘画的生存空间，这就逼迫着艺术家们要在艺术的表现形式上做出新的探索与发现。

二十世纪资本主义、社会科学技术及文化的快速发展极大地影响了人们的生活方式，并拓宽了绘画艺术的表现方式，人们的审美水平得到了大幅提升，艺术家们也接受了艺术同科学一样具有被发明、实验、创造的思想。

十九世纪西方的艺术与哲学流派异彩纷呈，与社会发展趋势严重脱节的旧的观念和艺术表现形式远不能满足人们的需求，这必然使得主观化的艺术现象增多。在 1910 年左右，以抽象主义为代表的流派完全破除了传统绘画据实摹写的方法，使画布成为一个独立的物体，他们宣称对物体的忠实描绘已成为过去。之后产生的达达主义就明确地朝着反艺术的方向前进。

二十世纪上半叶，英国乃至整个世界都深受两次世界大战的伤害。战争的每一个瞬间布满了荆棘与混乱、痛苦和绝望。人们亲眼看见了曾经生活过的优美如画的家园如何变得满目疮痍，更见证了人性如何在极度膨胀后爆发出来难以置信的心理和肉身的攻击力，在持续覆盖并推进的战争局面里所造成的各种精神失控与麻木，在生离死别的轮番冲击中滋生出无尽的恐惧和压抑。于是，受两次世界大战的影响，处于低迷期的英国皇家艺术学院（Royal Academy）的艺术家们创作了大量的现实主义作品，以此来表达他们对战争的批判与厌恶。写实主义评论家温德汉姆·刘易斯（Wyndham Lewis）曾说过："写实主义是个经过精细推敲的词语，硬气而又充满了实用主义的色彩，它所带来的安心感和满足感吸引着每一个人[①]。"所以在经历了残酷的战争与惨重的损失之后，人们自然会被写实主义绘画真实反映现实的作品所强烈震撼。

① 弗朗西斯·斯伯丁．栩栩如生：回顾 20 世纪二三十年代的英国写实主义绘画 [J]. 公关世界，2017(16): 19-21.

二、丰富的人生经历

1883年7月5日，艾尔弗雷德·埃杰顿·库珀出生于英国斯塔福德郡泰特纳尔的一个中产阶级家庭，父亲是阿尔弗雷德·库珀（Alfred Cooper），母亲是莎拉·汉娜（Sarah Hannah），从小他的父母就非常支持他的艺术创作爱好。他曾就读于比尔斯顿艺术学院（Bilston School of Art），并在早期就表现出卓越的艺术天赋，18岁时首次在皇家艺术学院展出作品，并获得了伦敦皇家艺术学院的奖学金，1911年毕业于皇家艺术学院。

库珀在学生时代参加比赛时，遇见了当时名声显赫的评委约翰·辛格·萨金特（John Singer Sargent，1856—1925年）。萨金特当时对年轻的库珀的作品印象十分深刻，他和詹姆斯·艾博特·麦克尼尔·惠斯勒（James Abbot McNeill Whistler）在切尔西迪特街（Chelsea Dit Street）有一间工作室，萨金特就邀请库珀到此学习。库珀在那里度过了一年多的时间，并协助萨金特和惠斯勒完成一些画作的背景与细节，库珀娴熟地掌握了古典肖像画的技法，并结合在萨金特画室学习到的肖像画技法形成了自己独有的风格，同时他的肖像画事业也已经开始趋于成熟。

在萨金特工作室学习的这段时间，库珀经常出入英国国家美术馆及其他博物馆，观看并临摹了大量文艺复兴时期的古典油画，同时他还非常崇拜伦勃朗和委拉斯贵支。大量古典绘画的分析与临摹奠定了他扎实的写实绘画基础，并且他还受到威尼斯画派、鲁本斯等大师的影响，在对色彩和光线的运用方面都有了全新的认识。

1914—1918年第一次世界大战期间，库珀在艺术家步枪队服役，艺术家步枪队是由一名叫爱德华·史达琳（Edward Starling）的艺术系学生于1859年成立的，是英国陆军的一支志愿团，由于当时加入的成员大多是艺术家、演员、音乐家和建筑师，所以被命名为艺术家步枪队，它的指挥官是画家亨利·温德姆·菲利普斯（Henry Wyndham Phillips）和弗雷德里克·莱顿（Frederic Leighton）。该团在第二次布尔战争和第一次世界大战期间表现活跃，赢得了许多战斗荣誉。第一次世界大战期间，艺术家步枪队就是培养训练军官的团，所以他们实际上是在前线指挥领导，也因为这个原因，艺术家步枪队的伤亡率是所有兵团中最高的。

库珀在步枪队中为众多的士兵绘制了肖像画，因此还与巴恩斯·沃利斯博士（Dr. Barnes Wallis）结识，后者因制造“达姆·科斯特”（Damien Coster）导弹而闻名。

库珀经历了 1917 年 6 月到 11 月的帕斯尚尔战役，该战役是在如今比利时境内的佐内贝尔爆发的，炮火和长时间的降雨将这里的战场变成沼泽，佐内贝尔遭到了前所未有的炮火洗礼，整场战争异常激烈，德军甚至动用了氯气等化学武器，双方都损伤巨大并为此付出了惨痛的代价，库珀虽然在此次战役中幸存了下来，但他的视力却在氯气袭击中受到了损害。

停战协定后，他被任命为英国皇家空军正式的战争艺术家，并为各种大型飞机做伪装设计，他是这方面的专家，在这段时间他还画了大量素描和风景画。库珀在罗姆福德（Romford）接受培训期间，在一次与军官们的聚会时遇到了他未来的妻子艾琳·佛罗伦萨·克莱门茨（Irene Florence Clements）。库珀于 1921 年加入了切尔西美术协会（The Chelsea Art Society），并在很大程度上为切尔西美术协会的发展做出了卓越的贡献，但由于第二次世界大战的原因，该协会被迫停止了一切活动。

特别的人生经历使他选择了与众不同的艺术方向，他的艺术风格与现实主义代表库尔贝、浪漫主义代表透纳、德拉克洛瓦的绘画风格都息息相关，加上当时欧洲绘画兴起的“东方热”对他的绘画观念产生的影响，其风格难以被局限于某个流派。库珀于 1974 年 5 月 11 日在伦敦切尔西去世，他去世后其他艺术家包括许多评论家都极为推崇他的作品，我们也能看到，水彩画越来越作为一个相对独立的领域而存在和发展，在这个过程中，库珀有着不可辩驳的成就。

图 9-1 是库珀的作品《裸体坐像》。

图 9-1
《裸体坐像》
The Seated Nude

三、库珀艺术语言的形成

探寻十九世纪末和二十世纪初的现实主义绘画是不太容易的，这个时期的艺术风格流派之多，艺术思潮之繁杂是其他时代无法比拟的。在人们崇尚印象主义、抽象主义和超现实主义的时候，像库珀这样一直坚守写实油画的艺术家已经是极少的了。在经历了残酷战争的洗礼之后，他开始深刻反思人的生命的问题，在看到那些为国家而战的士兵与军官们之后，更加坚定了自己写实主义的风格，他决心要将他们真实的情感与面貌表现出来，丝毫不被现实中眼花缭乱的各种流派所迷惑和影响，他的绘画作品中的人文精神体现是真实的流露、是对自然的敬畏、是对未知的探索，他就是那个时期现实主义最后的坚守者。

对于现实主义，法国文学史家爱弥尔·法盖（Emile Faget）说："要从几千几万的现实事件中，选择出最有意义的事件，再将这些事件整理起来，使之产生强烈的印象。[①]"对库珀这样以真实、具体的形象来感染观者的现实主义画家来说，现实主义不仅是一种艺术形态，更是一种艺术精神的表现，这种艺术精神不仅存在于对客观真实的描绘方法中，还存在于一切艺术作品创作的过程中。库珀为许多战争时期的士兵和政治家做肖像画，他描绘具体的人物来反映真实的社会生活。库珀的艺术作品不是理想化的形象，而是对自然和生活做出的真实描绘和展现，他主张细致地观察事物的外表，据实摹写。

库珀主张以真实客观的视角去观察生活、记录生活和再现生活，他也坚持艺术的焦点应该放在人类个体所体会和经历的生活上，所以在战争期间，他画了大量的士兵的形象、身边的人物和风景。

现实主义是通过艺术家在风云变幻的生活中选取积极有意义的典型事件和人物，再经过艺术家个性化的加工之后呈现在大众面前的。现实主义的核心就是典型化，库珀所描绘的就是最典型的士兵形象。他客观地描绘真实人物，让个人情感和观念在作品的氛围中得到体现和升华。有些现实主义作品被认为是冷静、理性的，然而库珀的作品却善于表现场景的氛围、人物的情绪、人物丰富的情感。

古典主义和浪漫主义对库珀绘画语言的形成产生了重要的影响。库珀的肖像画继承了传统写实主义古典油画的风格，又包含了浪漫主义的情绪。古典主义的目的是为了寻求真实，写实主义自古典主义中形成，库珀的画作拥有古典主义中

① 赵红梅．现实主义理论的探索 [D]. 上海：华东师范大学，2009.

整体、统一、和谐的艺术特征，这是他对客观世界关注的结果。

古典主义一直遵循的就是表现真实的主张，现实主义和浪漫主义同样是为了寻求真实。前者注重现实生活的再现，以此揭示生活中的真实，后者从艺术家的内心情感出发，以注重写意的绘画方式来表现生活真实的一面。

从库珀的作品中我们能够发现，其现实主义作品描绘了人物生动丰富的感情，画面完整、简洁明了、主题突出，而且富有诗意。这可能与他的艺术主张有关，他既摆脱了古典主义理性原则的束缚，同时还克服了启蒙时代现实主义的说教成分和浪漫主义的主观性，但他又从浪漫主义中汲取了一些激情，拥有浪漫主义注重情感因素的特点。现实主义作品一般是再现社会生活的真实的，对现实做出尖锐的揭露和批判，而库珀的作品除了反映真实的生活，还旨在展现积极向上的精神状态。

总体来说，二十世纪的两次世界大战对艺术的发展产生了直接而深远的影响。在此期间，艺术家们为了生存躲避战争而逃到乡村，有的甚至远走他乡，英国因战争而衰落，美国因战争而变得越来越强大。这个时期的一些艺术作品沦为了政治展示宣传的工具，虽然这一时期的艺术品越来越不被正视，但是欧洲的画家们并未气馁，都在积极努力地创作作品。英国的画家们同样积极投身于战争中，记录着战争中的每一幕，库珀就是其中的一员。库珀的朴实而深刻的肖像画作品激起了人们对肖像画的新热情，他所描绘的士兵形象极大地鼓舞了英国人民的信心。

四、库珀绘画语言的艺术特性

第一次世界大战中描绘战争题材的艺术家有很多，库珀是为数不多的专注于树立英国士兵正面形象的水彩画家，库珀并没有像其他的战地画家那样去描绘残酷的战争场面，也没有描绘受伤的士兵们，他的画作并不是美化战争，更不是谴责战争，不过是通过描绘那些平凡而真实的士兵们来支持正义之战，他带给观者的不是战争所带来的精神上的负面影响，而是表现出来了积极的一面，这样的作品极大地鼓舞了人们的士气，以及坚定了人们必胜的信心。另外，库珀描绘士兵的形象并不会把他们理想化，而是用明暗色调的对比，让画面在情感和形式上显得强烈。

库珀是二十世纪最受欢迎的肖像画大师之一，他一生中完成了无数的肖像画订单。在肖像画绘画技法方面，库珀受到了萨金特和惠斯勒的影响，惠斯勒曾强调："人像画的是谁并不重要，重要的是表现的内容。[①]"库珀正是遵循了惠斯勒的观点，将画面的重点放在色彩节奏的安排和画面氛围的营造上。库珀以肖像画闻名于欧洲，在他的肖像画作品中，对画面的惯用手法是通过大面积的暗色背景来衬托主体物或表现对象，整体的画面效果显得沉稳典雅，色彩丰富而不凌乱。我们可以在库珀画中的许多地方看到一些长而轻薄的笔触，他对水彩画材料独特性质的运用和表现，也融入了诸多油画表现技法和视觉效果。库珀的作品充分显示了他的才华，稳重的色调，凝练的用笔，生动地刻画了人物的面部表情及特征，将画面中的光线和色调处理得恰到好处。

第一次世界大战时期，库珀在艺术家步枪队服役期间被要求为步枪队的士兵及军官绘制肖像画，他绘制了大量的油画及水彩肖像画作品，图 9-2 这幅《西约克郡的少校》(*Major of West Yorkshire*)就是其中的一幅极富魅力的水彩肖像画作品。在人物画的创作过程中，库珀对绘画创作中的素材选择具有一定的感情积淀。他通过画面将熟悉的人物形象生动而真实地表现出来，直观地反映了人们真实的精神品质，同时也能深深地触动观者。

① 杨先艺. 惠斯勒：刺人的蝴蝶 [J]. 世界美术，2003(2): 53-57.

图 9-2
《西约克郡的少校》
Major of West Yorkshire

画中刻画的这位军官手里握着一根细长的拐杖，也许是因为战争对身体造成了伤害。他穿着绿棕色的军装，这是英军吸取了布尔战役的教训，为了便于伪装而改良的军装颜色，这名少校的袖口处带有精美的刺绣军衔等级标志。他的表情放松自然，嘴角还似乎微微上扬，以一种自信、惬意的姿态出现在画面中，呈现出祥和宁静之感。人物描绘造型准确，其局部刻画得细腻生动，个性鲜明、效果突出，使人产生一种感官的满足。库珀着重刻画人物的面目表情和双手，以相对松动的笔法处理画中人物的衣褶及腰以下的部分，又对背景进行了虚化处理，大胆舍去一切不必要的东西，来突出军官的轮廓形象，打破了平稳安静的空间格局，体现了他在画面空间与氛围处理方面高超的把控能力，虚实相互映衬，增加了视觉的张力。画面中的线条也不再隶属于严谨的轮廓线，而是变得随意、松散、跳跃。背景笔痕纵横洒脱，恰与前景严谨的人物塑造形成了鲜明的对比，有了色感，有了激荡的笔触，尤其是虚实的处理，还增添了适当的情绪表达，给这幅画面注入了强烈的活力和生命气息。

图 9-3
《西约克郡的少校》（局部）
Part of *Major of West Yorkshire*

图 9-4
《西约克郡的少校》（局部）
Part of *Major of West Yorkshire*

库珀的表现手法与完全写实的水彩技法略有区别。这幅作品的局部从炯炯有神的目光到衣物上的金属纽扣，其在人物的形神与对象质感的表现上注重写实性的整体关系，他承袭了萨金特的笔触美感与冷暖节奏的把控。在图 9-3 和图 9-4 的两张细节部分可见，库珀通过描绘军官坚毅的眼神和并置军官相关的元素完成作品的情感传递，表现了军官的威严与对战争胜利的渴望，交织而握的双手在概括中表现出了细节与质感。在这幅暖调的作品中，库珀使用了当时流行的中国白柔和冷色来提亮画面中的高光部分。在此可展现出当时现实主义并不是事无巨细地交代所有细节，而是在取舍间获得一种视觉上的平衡感。

图 9-5 是库珀的作品《艺术家步枪队的军官肖像》。

图 9-5
《艺术家步枪队的军官肖像》
Portrait of an Officer from the Artist's Rifles

图 9-6
《温斯顿 · 丘吉尔的胜利肖像》
The Victory Portrait of Winston Churchill

1943 年 5 月，《温斯顿 · 丘吉尔的胜利肖像》（*The Victory Portrait of Winston Churchill*）在皇家艺术学院首次展出时就引起了不小的轰动，这幅画也成为有史以来最知名的肖像画之一，长 50.8 厘米，宽 40.6 厘米，它是库珀对温斯顿 · 丘吉尔爵士（Sr Winston Churchill）的真实写照（见图 9-6）。库珀描绘了一位第二次世界大战初期好斗的政治家，他用写实的技法将他所见的客观事物描绘出来，对画面的每一个细节都遵循着客观物体的轮廓和色调，画面以强调素描关系的固有色为主，整幅画面的色调是庄重的，并且他还准确地抓住了人物在瞬间的复杂的内在精神状态，通过对丘吉尔面部五官细致的描绘表现了他坚毅果敢的性格特征。这幅肖像画可以说是库珀肖像画的代表之作，即使我们只看到一个侧面，但是他已经将丘吉尔的个性特征完美地诠释出来了。

1943 年 5 月 28 日的早晨，英国首相丘吉尔突然提出了最新的作战计划和战略意图，那就是进攻意大利占领西西里，进而牵制德军取得战争的胜利。由于丘吉尔几乎就是这一时期的精神领袖，所以这幅画在皇家学院展出后，就被人们作为成功的宣传海报进行转载，并在这幅画的下面印着一段 1942 年 11 月 10 日丘吉尔在他的官邸发表演讲时说的一句话："这并不是结束。"库珀成功刻画了一位睿智坚毅的领导人的形象，这样的形象正是那个时期的人们所需要的，这幅画极大地鼓舞了英国人民及军队的士气，并被广泛誉为"士气助推器"（Morale Booster）。许多受人尊敬的艺术家都画过丘吉尔，而库珀比别的人画得都多，通过对丘吉尔的不同角度的描绘，充分展现了库珀对人物形象的敏锐洞察力，在某种意义上说，他更成了一种象征性的存在，每个角度都象征着新的个体，并且库珀也与这位伟人一直保持着友好的关系，也许正因如此，这张肖像画被公认为是丘吉尔最爱的画作之一。

这幅画能成功面世，其中还有一段鲜为人知的故事："著名的雕塑家里德 · 迪克（Reid Dick）在唐宁街 10 号的一次活动中成功向丘吉尔首相引荐了库珀。当时库珀就与丘吉尔首相相谈甚欢，首相还询问库珀是否能够为他画一幅肖像画，库珀欣然同意并与首相确定好了再次拜访的时间。到了约好的时间，库珀去到唐宁街的时候首相正在处理公务，于是库珀选择了一处角落，拿出工具快速绘制了丘吉尔肖像的草图，在首相处理完公务后，他告诉库珀他想欣赏一下他的画作，丘吉尔看过这张草图之后非常满意，并当场坐下让库珀完成肖像画的绘制。"[①]正

① Eugene L. Rasor. Winston S. Churchill,1874-1965: A Comprehensive Historiography and Annotated Bibliography[M]. Greenwood Press, 2000.

是这一年，英国依靠强大的海军控制了英吉利海峡及大西洋，美军的加入让英军如虎添翼，英国民众团结在以丘吉尔为首相的英国内阁周围，万众一心，坚信战争能够早日结束，恢复和平，所以在画作完成之后，库珀就将其命名为“胜利肖像”。

五、独具魅力的风景和赛马

库珀在肖像画上取得巨大成就的同时，他的风景画也给我们呈现出与肖像画不同的魅力，不同于他的人物画的严谨风格，他的风景画呈现出一种轻松愉悦的感觉。一幅优秀的绘画作品是靠画家对描绘对象细致的观察和对绘画的极大热情形成的。在创作时，库珀拥有着极其敏锐的观察力，能够大胆舍弃画面中一切不需要的事物。库珀大多时候画风景是进行户外写生，带有即兴的特点，在自然的取材上则倾向于随意性。他具有对水彩画特性的超强控制力，将水彩画那种不受控制的随意性和偶然性的特点表现得淋漓尽致。

战争结束后，库珀对马术运动产生了浓厚的兴趣，他非常喜欢画赛马的场景，这就意味着他不得不去认真研究马的解剖和运动的形态，除了进行大量的写生和不断的观察，他还学习了骑马，帮助他更快地熟悉马的运动规律。

在描绘作品的过程中，画家将自己的内心情感与画面创作的客观物象巧妙地融合在一起，托物言志，通过画面使自己的情感得到进一步的升华，从而产生真实而生动的美。黑格尔曾说过：“艺术家不仅要在世界里看得很多，熟悉外在的和内在的现象，而且还要把众多的、重大的东西摆在胸中玩味，深刻地被他们感动，得到过很多丰富的生活经历，然后才有能力把生活中的具体形象真正深刻地表现出来。”[①]绘画的构图是画家在纸和画布等平面上对自己所描绘的对象和元素进行有序的组织和分割形成有审美节奏的特定结构。库珀的风景画构图往往是独具匠心的，他有的时候喜欢将镜头切得很近，有的时候又会拉得很远。库珀的作品区别于标志性景观和地标，其实他对内容并不感兴趣，更关心整体的审美效果，即使是最简单的风景也可以被他安排成为艺术。

库珀的风景画作品有一种装饰性的效果，他通常会使用几何形状来表达主题，将大的场景分割成不同的几何形状，画面显得既整体又丰富，趣味性十足。

① 黑格尔．美学[M]. 北京：商务印书馆，1979.

图 9-7
《山坡上的树林》
The Woods on the Hillside

图 9-7 的这幅作品中库珀选取了一个小山坡，取景新颖，构图独特，灰紫色的天空，以及淡黄色的山坡和葱郁的植物，将画面分割成三部分，斜坡上重色的树林增加了画面结构的稳定感，与另外两个部分形成对比，画面十分耐人寻味。这幅作品色彩丰富灵动、凝重而悦目，水色淋漓，在技法上，库珀突破了传统的精细描摹，在色调和光线的表现方面具有独到之处。山坡上的树干以留白的方式呈现出来，自然生动，给人以轻松愉悦的感觉。

十九世纪末欧洲科技的快速发展使得人们对写实绘画有了更多元化的理解，美术理论、艺术家的观念和技法也得到了更新，人们的审美水平也提到了一个新的高度。库珀的风景画受到了浪漫主义及印象派的影响，经过长时间的实践，他致力于研究户外光线，坚持到户外写生中观察自然界的光线，将许多明亮的色彩表现在作品之中，他热衷于描绘赛马场、人物。库珀的风景画作品充分体现了他在光和色方面的驾驭能力，画面色彩丰富鲜艳，大胆地运用黑色，具有突出的特点。

库珀在学习实践的过程中发现光的变化可以直接影响画面的效果。在强烈的光线照射下之下，色彩的冷暖和明暗对比较强烈；而在较弱的光线下，色彩的对比就相对较弱。库珀能够将这些对大自然中光线的变化所造成的效果灵活地表现在他的画面中，使不同的画面呈现不同的效果。当他在户外写生时，他注重的是捕捉光照射在物体上的真实的效果，并且可以抓住最新鲜、直接的素材，然后再回到画室将作品完善加工，最终达到美轮美奂的画面效果。

图 9-8
《埃普索姆德比的起跑线》
The Start of the Derby at Epsom

库珀专门去寻找那些能够呈现各种光和天气变化的地方，所以在他的画中，我们可以看到由树枝阻断投射下来的光所形成的弥漫的光束和光的斑驳。他的画面是非常讲究光色变换的，丰富多彩的赛马场运动经常会产生意想不到的颜色和光线微妙的互映效果，使描绘的主题具有丰富多彩的变化（见图 9-8）。例如，他为了使作品呈现出一种阳光明媚的感觉而使用大量的暖黄色和栗色，马上的高光不是浅褐色的，而是一种迷人的粉红色。他运用明度较低的钴蓝色、群青色、深绿色等处理背光处的小面积，以增加画面的光影效果。在描绘赛马场的作品时，最难的就是突出与主题紧密相关的绿色，所以当库珀在画一幅大量绿色的作品时，经常会主观地加入一些红橙互补色，鲜艳明亮的色彩为画面增添了张力。他还使用不同的互补色来控制画面不同的区域，局部还使用大笔触进行穿插对比，通过色彩来表达灵魂深处的情感。可以看出，当库珀在绘制画作时，暗部的部分颜料比较薄，只是在高光和细节的地方会有一些覆盖的浅色，而且他的注意力不会被过多的细节所干扰，一切都恰到好处。

当然，天空是所有风景画的重要组成部分，虽然很多描绘赛马题材的画家会轻视画面中天空的部分，但是从库珀的画面中我们可以观察到，他画中的天空拥有很多戏剧性的变化，这给作品增添了更多的意趣和色彩。

库珀特别注重捕捉自然界中光和大气在作品中所呈现的感觉。虽然他也会画一些委托的肖像画，同时他也画了大量的赛马题材的作品。他特别注重描绘马匹在自然光线下的质感，用光感来呈现马的形态，他很少画一匹马的具体细节，更多的是描绘赛马场上激荡人心的氛围。这样他所描绘的马匹不会像静止的一样，而会更加生动自然。由此可见，在绘画上他更加注重的是客观地反映事物真实的模样，而不是依靠情感与想象。

《湖景观与划艇的人》
Lake Landscape with Fguers Embarking a Rowing

《河边的钓鱼者》
Fishermen at Watercourses

《1924 年左右复活的基督出现在新时代的黎明》
The Risen Christ Appearing in the Dawn of the New Era, Circa 1924

《皇家阿斯科特》
Royal Ascot

《英国皇家空军元帅波特尔勋爵》

Marshal of the Royal Air Force Lord Portal

《巴恩斯 · 沃利斯正在为妻子茉莉雕刻》

Portrait of Barnes Wallis sculpting wood carving of his wife Molly

《跪坐的裸女》

Kneeling Nude

《塔拉的第一男爵约翰 · 摩尔 · 布拉巴赞》
John Moore-Brabazon, 1st Baron Brabazon of Tara

《温斯顿 · 丘吉尔肖像》
Portrait of Winston Churchill

《伦敦池》
The Pool of London

艺术是人类意识形态的精神支柱之一，艺术创作是这一文明精神的具体体现。库珀在运用技巧表现作品的同时，将重点转移到自然本身中去，库珀坚持着用艺术的想象来真实地反映执着的信念，而非追随某个主义或流派。他吸收和接纳了各种有助于表现绘画之美的技法和观念，并运用到自己的画面当中，这就是库珀成功的重要法宝。

库珀认为，绘画艺术不是对外在事物的一种简单的描摹，而是艺术家内心的情感和思想借此得以达到个人诉求的愿望。在观看库珀的作品的时，我们可以看出他举重若轻的感觉，明亮的光线，绚丽的色彩,画面具有音乐的节奏感,将库珀的内心世界直接呈现出来。库珀的作品让我们看到了艺术家对于画面的情感表达，以及展现出他对现实生活的深切关怀，他所塑造的人物和画面效果都恰到好处地烘托了所要表现的主题。库珀不仅继承了现实主义艺术的表现形式，而且还开拓了现实主义艺术的新境界。他以自己独特的绘画语言阐述了自己对于战争、人生的深刻思索。

参考文献：

[1] Martin Hardie. Watercolour Painting in Britain [M]. London: Batsford, 1968.
[2] Judith Miller, Martin Miller. Miller's Picture Price Guide 1995 [M]. Woodbridge: Antique Collectors Club Ltd, 1994.
[3] 孙乃树 . 平凡无奇的艺术革命——十九世纪欧洲现实主义美术研究 [M]. 上海：上海文化出版社，2007.
[4] 布伦丹 · 普伦维勒 . 20 世纪现实主义绘画 [M]. 上海：上海人民美术出版社，2015.

乔治·古德温·基尔本

George Goodwin Kilburne

1839.7—1924.9

一、基尔本的艺术生涯

乔治·古德温·基尔本（George Goodwin Kilburne）是英国十九世纪重要的水彩画家，于1839年7月24日出生在伦敦诺福克郡的哈克福德（Hackford，Norfolk，London）。他是家中的长子，幼年时曾在肯特郡的学校接受良好的教育，15岁时独自前往伦敦，到当时著名的达齐尔兄弟雕刻公司（Brothers Dalziel）进行了长达5年的学习，该公司是由爱德华·达齐尔（Edward Dalziel）和他的兄弟乔治·达齐尔（George Dalziel）建立的，达齐尔兄弟与维多利亚时代许多重要的艺术家合作，为当时迅速发展起来的图书、报刊等绘制插图。这期间，基尔本积累了丰富的造型经验，打下了坚实的绘画基础，特别是掌握了一种在绘画中精工细雕的刻画能力，这也奠定了他之后形成细腻画风的基础。他的绘画作品涉猎广泛，也擅长画一些铅笔素描和油画，但基尔本经常使用水彩来作画，他更喜欢水彩便于保存和携带并能快速、自由地作画的特点。他经常使用油画刻画细节的技巧和方法来描绘他的水彩作品。

基尔本一生中娶过两个女人，第一任妻子珍妮特·达齐尔（Janet Dalziel，1840—1883年），她的父亲是罗伯特·达齐尔（Robert Dalziel），是爱德华和乔治的哥哥。他们于1862年6月结为连理，但珍妮特与其相伴20年后便因病与世长辞；7年后，他遇见了人生中的第二个女人伊迪丝·戈莱特利（Edith Golightly），并生育了两个孩子。

1875年起，他进行了漫长的欧洲旅行式绘画生活，到访了威尼斯、诺曼底、瑞士等诸多城市，甚至一度在罗马停留时间达3个多月。但他一生中的大部分时光仍是在伦敦度过的，大部分作品也是在伦敦创作的，并且主要在皇家艺术学院和水彩画学会及一些知名的画廊和美术馆中展出。

基尔本一生有三个儿子和两个女儿，他的性格比较孤僻，暮年时喜欢独居生活，1924年在他最疼爱的大女儿弗洛伦斯·艾米·基尔本（Florence Amy Kilburne）的家中悄然离世。

二、基尔本时代的艺术发展

1. 画材的改进发展

十九世纪的英国正值殖民统治时期，抢占了大量资源、攫取了大批劳动力、敛取了大量财富，大规模投资机器生产，工业革命成果十分显著，号称“日不落帝国”。其中一些画材生产商投入了对画具的生产和开发，绘画工具因此逐步得到了改良，管状颜料的便携性也让水彩成为更加常见的创作材料，此时的水彩画纸的生产水平也得到了极大的提升，现代化的机械造纸开始于 1944 年，由于机械造纸机多使用长网机（Fourdrinier Machine）生产，产量大而且迅速，最高产量可达每小时两万到三万张，纸表肌理多以中细纹为主，这种纸张非常适合绘制精细的画面，这之中有些品牌一直不停地更新迭代，直至今日已经成为享誉全球的大型企业。另外，当时也因此形成了一些与艺术相关的产业链——画廊和画材店比比皆是，这也为艺术家提供了更好的创作条件和发展空间。

2. 艺术人文环境

十九世纪中期的英国，社会稳定、百姓富足安康，整个国家粮食储备充裕，人们不再有食不果腹的烦恼，富豪们拥有投资和消费艺术的闲钱和能力，大多数富人都会将喜爱艺术标榜为自身的爱好，这无疑为艺术家们提供了良好的生存空间和创作动力。

十九世纪的英国文学与艺术有了极大的发展，浪漫主义和批判现实主义是当时主要的两大艺术流派，浪漫主义诗歌的第一大诗人威廉 · 布莱克（William Blake）所写的诗歌不同于十八世纪诗歌的优雅内敛，更具想象力和宗教感。查尔斯 · 狄更斯（Charles Dickens）则是十九世纪英国最伟大的批判现实主义小说家。到了十九世纪末期，英国还迎来了戏剧的复兴发展，唯美主义的奥斯卡 · 王尔德（Oscar Wilde）是当时的代表人物。但此时艺术的发展也产生了新的变化——由于贵族阶级逐步走向没落，他们不得不通过变卖家产来维持生活，其中就有大量的工艺品和画作被拿来出售，拍卖行业因此兴盛起来。

与此同时，印刷技术的不断更新和印刷公司的不断扩充，绘画作品开始以印制品的方式进行销售，其中最出名的就是拉斐尔·塔克父子公司（Raphael Tuck & Sons）掀起的“明信片热潮”。十九世纪末期，该公司聘用基尔本为其明信片、贺卡类的印制品进行设计，由于明信片、贺卡的传播量较大，传播的范围较广，这种方式让艺术作品对于普通百姓来说不再是一件奢侈品，不仅方便了艺术的快速推广和普及，也能让艺术家被更多的人熟知，基尔本的作品也随之成为家喻户晓的艺术品，备受时代追捧，他因此成为英国当时最知名的艺术家之一。而卡片印制品区别于普通画作的最显著的特点，就是它们并非作为单一的孤品销售，被大量散播而变得更容易留存于世，到今天为止，仍有着广泛和持续的影响。

随着艺术自身的发展变迁和轮换，整个欧洲艺术市场异常活跃，期间产生了印象派、浪漫主义、纳比派等大批艺术流派，世界的艺术交流中心开始从意大利向法国过渡，法国和英国都接纳和发展了新的艺术。其中，拥有最卓越贡献的是约瑟夫·马洛德·威廉·透纳（Joseph Mallord William Turner）、约翰·康斯太勃尔（John Constable）、约翰·塞尔·科特曼（John Sell Cotman）、托马斯·吉尔丁（Thomas Girtin）等人，他们将英国的水彩画艺术推向了顶峰，以他们为代表的大批杰出的英国水彩画家不断涌现，而后在英国皇室成员的参与及支持下，成立了新水彩画学会（Royal Watercolour Society）。

三、基尔本绘画风格的形成

1. 丰富的绘画题材

基尔本素来与贵族交往甚好，他绘画的题材内容很多，其中包括宫廷贵族、资产阶级的日常生活和游玩趣事。因为水彩材料拥有便携、无异味、易清洁等良好的特性，且在绘画前无须繁复的准备工作，所以基尔本的绘画工作通常是到雇主的家中进行的。体育运动就是那时贵族们与外界的交流方式，当时的英国贵族喜欢打网球、高尔夫、击剑、狩猎和赛马等运动，基尔本也正好有着狩猎、赛马、骑自行车等与贵族相契合的运动爱好，所以他经常受邀到贵族府邸，纵享宾客之礼，结交了大量的贵族朋友，更有机会去接触和了解所绘的对象，并绘制了大量关于骑射狩猎的场景的画作。他也创作一些关于动物形象的作品，其中涉及马匹的场景较多，也有少数是关于狮子、老虎、猎狗等动物的画作。

基尔本常年混迹于上流社会的圈子里，他的作品描绘上流阶层生活的文艺和高雅，这与他所处时代文学和音乐的影响分不开。那些他所描绘的对象中有一些是他的熟人或朋友，所以他在描绘时会或多或少地增添几分主观的感情色彩，同时也能更好地捕捉人物的特点。这似乎有一丝谄媚的味道，但这也是根据他自身的视角出发的，他的人生并没有经历大起大落的坎坷和疾苦，他周遭的世界原本呈现的就是万般美好的模样，他情不自禁地就将笔下的人物美化。所以在他的画里几乎看不到对社会的愁苦和批判，更多的是歌颂和表达对生活的热爱，画中人物的阶级尊卑之分也被巧妙地隐匿起来，画面里的人物互动亲密、眉目传情，充斥着一种温暖的氛围，到处都是美好和谐的景象。

基尔本还十分擅长对女性人物的塑造，所以他接到的女子肖像画的订单居多，多为维多利亚时期的优雅贵妇或年轻的时尚女郎，有些是她们自己定制的，有些则是男士为自己心仪的女子定制的肖像画，因此诞生了很多知名的女子肖像画。另外，英国当时的名媛之间流行着“下午茶”的交谊活动，因此对这种生活场景描绘的作品也应运而生，如《品茶》（*Taking Tea*）、《下午茶》（*Afternoon Tea*）、《苗圃室的茶水》（*Tea In the Nursery*）等，把女性置身于这样的场景成为基尔本创作的主要题材。

在基尔本组建了家庭之后，他便将绘画的题材转向描绘亲情间的交流，塑造了很多温馨和睦的家庭场景，比如亲子题材里母亲温柔地为孩子准备点心、女子梳妆打扮、教师教授知识、孩子学琴弹奏（见图 10-1），以及姊妹之间嬉戏玩闹的场景。

与此同时，他也会关注一些普通市民的日常生活，在闲暇时刻记录他们的生活，包括湖边刚刚打完水提桶而归的家庭主妇（见图 10-2），街边浇花的少女（见图 10-3），还有一些关于贵族仆从的小幅画作，他都用画笔一一再现。

基尔本强调绘画的故事性和抒情性，无论何种取材，他都擅长在画面中营造一种宁静、优雅、平和的气氛。他认为，一些关键道具的置入无论对人物主体地位的突出，还是构成画面氛围都至关重要，而以花束为摆设是一种绝佳的点缀，为画面增加和传递一抹馨香的气息，所以他非常喜欢在室内置入鲜花来充盈画面，大部分画作中均可以觅见，不难猜出他颇为享受充满小资情调的幸福美满生活。

图 10-1
《钢琴课》
The Piano Lesson

图 10-2
《取水》
Fetching Water

图 10–3
《浇花》
Watering the Flowers

2. 古典主义的坚守者

基尔本虽然从未在学院接受过正统的艺术教育，但由于先前在雕刻公司进行了系统的培训，加上受到拉斐尔前派掀起的“追溯拉斐尔之前的艺术”思潮的影响，他接受了这种艺术思潮并向西方古典意趣靠拢，作画风格偏向于传统写实。尽管他的画风有依附于大众的商业化趋势，但他仍坚持艺术必须忠于自己双眼所看到的，认为在绘画时必须保留一定的理性和客观性。他强调的是细致入微的刻画，追求的是明亮的色彩、稳定的构图、精细的安排，诚实地将人物形象乃至周围的环境悉数还原，所以他笔下的人物总能呈现自然真实的状态，使画面呈现一种华贵、庄严的美感。从基尔本的作品中不难看出，他在绘画过程中是非常理性的，他严谨地对待画面中的每一个细节，人物表情和衣纹服饰都刻画得十分精致细腻，画面氛围处理得恰到好处，一切都安排得井井有条，这使得他的作品呈现出一种庄重、典雅的气质。

正是由于基尔本拥有对古典文化强烈的热情，并向往着崇高的古典艺术，还通过学习并掌握了古典艺术大师的绘画技巧，他才能描绘出如此精彩绝伦的画作。

四、基尔本的水彩艺术

1. 稳定的构图及绚烂的色彩

基尔本的大部分画作都是关于居室内的场景的，他追求构图的均衡性与完整性，作品力求产生一种柔和的美。在描绘组合式人物场景的创作中，他擅长在画面中采取平铺直叙的手法延展开来，多采用经典的三角式或一字型构图，前中近景层次鲜明、秩序合理、细节丰富。通过对人物神情的塑造及对动作的精确拿捏，巧妙建立起人物之间的关系。首先他会强调和突出其中一两位主体人物，将其人物形象的情貌体态尽数还原，让其精神状态能够直观地从画面中传递出来，其次他会安排次要的人物或人群在其中穿插，弱化融合为背景的一部分，这样既能让画面达到和谐统一的效果，又能让整幅画作情绪与气氛渲染更加到位，从而让画面变得舒缓有节奏，观者亦可根据神情和肢体的动作来揣测人物的心理活动，很有观看的致趣。如图 10-4 所示为基尔本的作品《下一个舞会》。

图 10-4
《下一个舞会》
The Next Dance

基尔本在空间色彩的设置上，总是以暖色调为主，似乎是要将自己的热情全部化作色彩倾注进去，所以他的绘画总是给人一种温暖的感受。因为贵族们喜好用金色的墙纸装饰居室，所以基尔本的绘画用到最多的就是赭石、熟褐和明黄这几种颜色，这几种颜色能调出饱和度较高的色彩，让场景达到辉煌明亮、富丽堂皇的效果，正适合表现他们室内装潢的豪华与奢侈，也恰如其分地彰显了王室的贵气。在一些以白墙为背景的画作中，基尔本会用很淡的黄色铺满整张画纸，再用熟褐和青色来过渡到暗部，并常常用群青的沉淀效果来加重暗角，让光线向中心收拢，视觉中心也聚集在人物身上，笼罩一丝静谧的气息。如果是关于室外场景的画作，他喜欢用大量的暖绿色来描绘周遭的绿植，并会在避光和阴影的位置用深茜红来打破画面的单一，再画几笔偏冷的蓝色来增加画面的透气性。

2. 独特的风格

基尔本画作中的人物多为笑颜，让观者从中滋生浓厚的幸福感。但他在塑造不同的对象时会有一些区分和偏好，即“因材而变”——在服务于宫廷贵族和资产阶级人群，特别是对那些上流贵妇进行刻画时，他会极具耐心。他会钻研人物细节并深入刻画，其手法极其细腻，不仅将女性的样貌和体态把握得恰到好处，对人物的神情、面部特征的细节精雕细琢，妆容上亦会面面俱到，头发编织的细节和佩戴的发饰同样栩栩如生。他笔下的女子面露红晕、优雅华贵、娇韵迷人，将女性美好的特征都充分突显出来。

从基尔本的绘画风格可见，他在一定程度上学习吸收了十八世纪法国洛可可艺术的特征，但同样身为皇家艺术服务的画家，他不像一些其他洛可可艺术的画家那样专绘贵族情爱韵事，而更注重他们日常生活的场景片段。如果说洛可可艺术的风格特征可以用四个词来高度概括，即“纤巧、柔媚、华丽、浮躁”，基尔本则是在绘画中舍弃了那些过分夸张的、充满幻想式的剧情，他画里的人物没有仿照洛可可画面中动作和表情的夸张，而是展现高贵、沉静、端庄的姿态，柔美却并不媚俗；场景也不同于洛可可艺术剧场式的灯光效果，转而用温柔的色调包裹着整幅画面，虽然设色华丽，内容丰富精致，但丝毫不浮夸。在他的画面里，少了一份洛可可的烟尘浮躁之气，多了一份真实与温馨。

当他描绘那些忙碌的工人和女仆等普通市民阶层时，会更趋于制造一种轻松愉悦的气氛，如果说他在为富人们精心制造的画面中极尽奢华，营造一种恍如隔世的迷离之感，那他在市民写生画中则让人感受到一股温润随和的气息，风格趋于宁静朴实、平易自然。他淡化了对细节的描绘和对人物的独立塑造，更偏向于关注当下的所见及感受，并非像塞威里亚画派（Seville School）那样表现批判性或像卡拉瓦乔笔下的民众那样苦中作乐，而是呈现一种健康愉悦的生活状态，那时的英国百姓富裕安康，免受上层的剥削和战争困扰，在他的眼里世间一切都很美好。

3. 灵活细腻的笔触与肌理

基尔本对颜色的运用能力和对水彩笔触的把控能力极强，他擅长用一些干湿相接的技法，在笔法上也展现出老练的经验和非凡的智慧。通过对他作品的观察，我们能够发现他将细密的版雕经验用于绘画作品之中，他会用一些颜色较深的、细小微弱的点的笔触，在暗部的小片区域层层叠加；亮部则在大面积的铺色上用线条去勾勒，形成一种“亮薄暗厚”的画面效果——即画面中亮部轻薄，只有接壤边缘处的水渍留痕较为明显，与之相反，暗部色彩显得厚重饱满。这种方式与提香等大多数油画家倡导的“亮厚暗薄”相斥，主要还是材料的因素产生了这两种截然不同的画法。

基尔本在单个人物的肖像画塑造时，不会把人物的轮廓勾勒得过于翔实，而是用类似中国绘画中“皴”的方式，将边缘线柔化处理，这样使得人物身上的光线轻盈透亮，拥有一种光雾笼罩的感觉，产生一种在灯光下的画面效果。他会利用明暗对比的方法将画面分成多个层次，使画面变得清晰分明，画面中的光影强烈却丝毫不抢眼。在面部的塑造上，笔痕之间的衔接又非常巧妙，画中罕有明显的水渍分布，这需要画家拥有很大的耐心去抹除笔痕来自然地过渡衔接，使得远观时不会有突兀的笔触，近看时又能发现画面中纷繁密集的细节，点线面的交融之间，每一笔都来得真切自然、娇艳明快。

另外，基尔本在对细节的处理上极尽严苛，任何细节都不会轻易从他的眼前脱逃，一些琐碎的衣纹褶饰，包括装饰图案纹样和衣纹的变化，以及桌布、窗帘中的反光细节的处理，甚至对远景中树叶的局部刻画都梳理得清晰明了，哪怕再细小的光影都表现得非常到位，所以他偶尔也会用“洗”的方式来表现草木的尖端。

除此之外，他根据自身的习惯，对留白技法的使用得心应手，这是水彩中比较独特的一种绘画方式，虽然他在画油画时会使用覆盖力较强的白色来画亮部和高光，但在画水彩画时就会摒弃这种简单粗暴的方式，转而通过留白和薄画的方式来塑造亮部区域，以更自然地表现物体的光泽和质感。对于这一技法，他运用最多的部分就是在对布面纹理的处理中，如在刻画女子裙褶的反光时，留白的处理让微妙的光影灵活呈现，丝绸布料轻盈软滑的触感和质地仿佛能从画面中流淌倾泻，这需要画家能够掌握高超的水彩技法。

另外，从非定制画的题材和画面的呈现效果上来看，他并不会过分控制画笔的走向和刻意消除画面中的水痕，所以有时画面中会有明显的水渍效果，他会选取自己感兴趣的地方用繁密的小笔触加以塑造和叠加。他摒弃了那些多余的装饰和繁复的技法，不会耗费精力对每根线都进行刻画，这种绘画方式实际上更能展现水彩的独特魅力，比如他所描绘的女孩卖花、女仆浇花的场景，用笔自由随性、行云快爽，笔触更加轻松自然，有一气呵成之势。

五、作品解读

图 10-5 这幅画名为《茗茶》(*Taking Tea*)，再现了贝德福德公爵夫人安娜(Anna Maria Russell, Duchess of Bedford) 在居室中品下午茶的一个场景。据史料记载，该画的主人翁是下午茶文化的领航者和倡导者，起初源于自身习惯——她在贝尔沃城堡居住期间，每天下午都会用点心和红茶临时充饥，而后陆续邀请友人们参与其中。由此，下午茶会逐渐演变成上流社会流行的一种交友聚会的方式。

这幅画用色十分饱满，画面里的公爵夫人姿态优雅端庄，神情安适从容，妆容精致，年轻貌美。画家在面部用了很细小的笔去描绘勾勒，着色匀称，没有一点水渍，场景中的暖橘色调及长裙的清冷色很好地将女子从画面中衬出，长裙的暗部利用水彩易相溶的特性巧妙地将黄色揉入蓝色，让偏冷的裙子在画面中自然地融入偏暖的环境色之中。长裙上的花纹也被耐心刻画，错落的水色线条却能装点精致时髦的品位，墙纸、地毯和房间中的其他陈设能映射出当时东方艺术传入后的影响，比如地毯花纹有东方装饰纹样的平面化图腾，中国瓷器是当时王公贵族掀起狂热的购买风潮后快速流行起来的，用中国瓷器装饰居所俨然成了社会地位和品位的象征符号。

另外，从画面里发现伯爵夫人安娜左脸颊处有一颗很明显的痣，这点十分有趣，能从中反映时代审美中的宽容性——面部这颗痣不被认为是一种容貌的缺陷，故画家并未遮掩，而是选择如实呈现这一体貌特征。精致的木柜也能凸显主人翁家中的富饶，特别是脚垫这一奢侈品的象征，在当时几乎只在非常富裕的人家才会有。

图 10-5
《茗茶》
Taking Tea

图 10-6
《茗茶》（局部）
Part of *Taking Tea*

值得一提的是，作品中的陈设中有一枚凸面的圆镜（见图 10-6），圆镜的历史甚至可以追溯到十一、十二世纪，尽管镜子已经是大多数人现代生活不可或缺的必需品，不过以前的镜子造价甚高，且凸面的镜子有很长一段时间都占据主导地位，而非今日稀松平常的各类平面镜；像尼德兰文艺复兴时期杨凡·艾克的绘画作品《阿尔诺芬尼夫妇像》中能寻觅到类似的元素，且圆形的镜子投射出室内的布局和陈设是相似的，不难发现，无论是房间的结构、排列与格局，还是采用圆镜作为传统家饰，这种装潢是延续了几百年的经典构架，也能从物品的愈发精致看出随时代发展，人们生活水平和质量的逐步攀升。

此画不仅仅是基尔本作品中十分有特色的一张，亦是英国水彩画中具有代表性的作品，而它又是一个下午茶文化的历史见证者，所以无论是从绘画范畴还是人文思想上，都包含了较多的信息量，十分具有代表意义。

图 10-7
《订婚》
The Engagement

图 10-8
《订婚》（局部）
Part of *The Engagement*

图 10-7 是一幅贵族携同女伴盛装出席订婚宴会的场景，具有仪式感。画面中的男士身着黑色礼服，背部直挺、步伐坚定，从他脱帽的细节不难联想到下一个动作就是与其他嘉宾互相问候和行礼，淑女挽着伯爵的手臂，女士一席白色长裙，步伐轻盈，女仆为他们拉开门帘，安静地守候在旁。整幅画统一在黄褐色调中，应该是先将整个画纸涂上浅棕色，然后在这个底色的基础上分块和寻找色彩的变化。比如地面使用了大笔刷铺开，并在铺色时用颜色的深浅交替来表示地面的反光和投影，这是在使用单一颜料的情况下，靠水量的控制来达到对颜色的变化的技巧。其中，亮部能看到用擦笔除色的痕迹，为了防止画面显得沉闷，暗部用了一些紫色来让它透气。

显而易见，基尔本将人物皮肤的质感也很好地表现出来，人物面部的五官也得到了细致的刻画，皮肤温润白皙，柔软细腻且具有弹性。基尔本通过层层叠加罩染的表现手法表现出光泽感强的服饰，丝绸的光感使画面更加优雅和精致，显示出画面中人物尊贵的地位。画面色彩沉稳淡雅，人物纤细柔美。通过表现衣服上的颜色和明暗的变化将衣服上的褶皱、质感处理得非常到位，包括蕾丝花边、纱织的内衬、立体花边都显示出画家深厚的功底（见图 10-8）。

另外，基尔本常会画此角度的人物，除《订婚》（*The Engagement*）外，还有《第一次舞会》（*Her First Ball*）、《平安夜待客》（*Placing the Guests on Christmas Eve*）等画作。《订婚》虽说从构图上只占有同类画作的左侧局部，但完整度丝毫不会因此受到影响，场景减除了纷繁复杂，反倒将内容和情节投射到主体人物身上，所以对人物神情、动态、细节的刻画和关注度更高。从女性的服饰中可以推测这幅画的创作时间是十九世纪五十年代以后，维多利亚时期的长裙流行过很长一段时间，用裙撑架撑起，这种裙子上装饰了大量精美的蕾丝花边，加上好看的裙褶宛如向外拱起的圆形花篮，而后追随工业革命机械化及缝纫技术的进步，一直对风格、材料进行革新和变化。但五十年代以后，女性服饰的轮廓变得多元而趋于平和自然。这样的演变使得女性的体型姿势向前倾斜，这幅画作为该时期服饰工艺的参考也具有意义和价值。

图 10-9
《德肯 · 约翰 · 皮尔》
D'Ye Ken John Peel

图 10-9 这幅画命名为《德肯 · 约翰 · 皮尔》（*D'Ye Ken John Peel*），不难猜测画面中站立着的人物应该就是约翰 · 皮尔伯爵了，他是英国历史上的一位传奇人物，曾经是一名猎人，后来成为少校随拿破仑征战，十九世纪流传的一首歌曲也是用他的名字命名的，1935 年 7 月 22 日，英国也上映了同名的电影来叙述他当年的故事。

故事情节是：约翰 · 皮尔少校在拿破仑的滑铁卢战役失败后返回英格兰，并打算与露西 · 梅拉尔（Lucy Merrall）完成婚约，但她告诉皮尔少校她已经订婚。后来他得知，露西要嫁的男人克雷文已经有了妻子。他还了解到，克雷文在一场残酷的赌博游戏中陷害了露西的父亲，露西为此付出了不能和家人团聚的代价。

从构图上分析，这位主人翁处于画面视觉中心的位置，他正慷慨激昂地演讲着，或许讲的是关乎自己过去的经历，那些随拿破仑征战的激情岁月，期间可能提到自己年轻时的爱情，以及故土发生的往事等，周围的听众都聚精会神地听着他的故事，旁边的女郎正柔情地为他伴奏，她不时地侧目回望伯爵，手上的动作却丝毫没有停下，想来内容一定非常精彩动人。

这幅画依然使用先整体刷底色再进一步深入的作画方式，同样是基尔本擅长使用的黄色调，这次他更多的是将青绿色添加到背景的使用当中，替代了以往经常在暗部用蓝色或者紫色作为沉淀的手法，让场景显得更加宽敞明亮。画家对水的应用也很好地让物件的质感充分地体现出来，比如陶瓷地板的纹理和反光、人物服装丝质面料的轻软和木质家具厚重的哑光效果，都表现得恰到好处。

图 10-10
《欣赏新帽子》
Admiring the New Hat

从图 10-10 这幅画的命名《欣赏新帽子》可以很直观地理解这个场景的内容，画面的光影和饱和度似乎表现的是天光微亮时的场景，让人猜想这或许是在一个清晨，少女侧坐在床边，正迫不及待地戴上此前刚刚获得的一顶新帽子。这是一顶粉红色的宽檐帽，少女仔细轻柔地系着帽子的丝带，她的神情中透露着一份喜悦和满足，面对镜子反复欣赏自己佩戴上新帽子后的娇人模样。少女脸上透露的欣喜之情让人不禁好奇这是谁献上的礼物，可能是她的爱慕者或婚约对象。

在这幅画中，画家也使用了他擅长的暖褐色调，在着色的画法上结合了点彩派的绘画方式，画面中没有较长的贯穿画面的实线，放大可见画面中笔触多为点状，而这些点并不是等大和匀称地分布着的，并且由于水彩自身湿润易流淌的特性，一些单一的点也是有变化的，面部刻画的精髓也是由几个精彩的笔触完成的，比如嘴角的部分用两个纵向的小点将其上扬，眼睛的瞳孔也用一个略微带有弧形的小点来指出目光所望的方向（见图 10-11）。

图 10-11
《欣赏新帽子》（局部）
Part of *Admiring the New Hat*

绘画中出现了少女佩戴帽子的场景，是因为那时的欧洲兴起了女士佩戴帽子的潮流，帽子不仅是时尚的象征，更标志着身份和地位，因此维多利亚时期诞生了多种帽子的样式，那个时期的阔气人家的少女、贵妇人们对帽子装饰的爱好达到了极其痴迷的程度，帽子几乎是上流社会贵妇出门的必需品。但在十九世纪末期，逐渐异化成一种可悲的趋势，不知是迎合男性审美还是女性们为自身的喜好所设，这种初衷旨在装扮美的行为却演变成一种束缚——女人若不配戴帽子出门会变成没有教养的象征，某几年甚至出现夸张到被多数人视为“不正经的女人”的现象。尽管在当今社会中，帽子并非所有女性出门的标配，也不再是一种对身份的约束，但在各大场合仍然是优雅扮靓的利器。

《纺车旁的邂逅》
An Encounter at the Spinning Wheel

《复杂章节》
The Thick of the Plot

《野餐》
The Picnic

《在教练旅店的晚饭》
A Meal Stop at a Coaching Inn

《平静的阅读》
A Peaceful Read

《坏消息》
The Press Gang

《花园漫步》
A Garden Stroll

《教堂庭院里的女孩》
Girls in a Church Yard

《小内尔》

Little Nell

《晚会》

A Soiree

《检查账单》

Checking the Bill

《一手好牌》

A Good Hand

《伊顿公学男孩》
Eton Schoolboy

《一本新书》

The New Book

《弹钢琴的年轻女子》

A Young Woman at a Piano

基尔本的绘画功力与水平在英国维多利亚时期是超一流水准的，他的构图、色彩、技法影响了当时英国的很多艺术家，他开拓了水彩画艺术的新境界，他以自己独特的艺术语言引发了对人生深刻的思考，倘若用现在的标准来评价也是位于前列的。他生平所画的题材丰富多样，从平常百姓到王公贵族，他都坚持着自己的一套章法，绘画风格始终跟随自己的节奏，同时他会根据不同的内容来调整画面，在他笔下，那些画面仿佛拥有了旋律和生命。

而他的画作除自身的观赏性外，也间接记录了历史美好中的短暂一刻，侧面映射了时下的情趣和生活品质，我们从中可以发现那时的英国居民生活安适、丰富多彩，文化艺术知识普及的范围也十分广泛。所以，他的画作展现了一个时代的面貌，也展现了对其所处时代的虔诚和感恩，是一位平凡又不平凡的艺术家。

参考文献：

[1] Richard O'Neill. The Art of Victorian Childhood [M]. Parragon, 1996.
[2] Lyle, Victoria. Poems for Mothers [M]. London: Flame Tree Publishing, 2009.
[3] Rory Vassall – Adams. The Victorian Watercolour [M]. Celbridge: Castletown Publications, 1981.
[4] H. L. Mallalieu. The Dictionary of British Watercolour Artist up to 1920 [M]. Woodbridge: Antique Collectors' Club Ltd, 1978.
[5] 凯瑟琳库姆斯. 英国水彩画，1750-1950 [M]. 北京：文物出版社，2013.
[6] 周淑英. 十九世纪英国水彩画 [M]. 北京：人民美术出版社，1984.

克莱芒·奥古斯特·安德里厄

Clément-Auguste Andrieux

1829.12.7—1880.5.16

一、平凡的人生

1829年12月7日，克莱芒·奥古斯特·安德里厄（Clément-Auguste Andrieux）出生在法国巴黎，他是一位拥有比利时血统的法国著名水彩画家。克莱芒在1862年去了比利时的第三大城市列日（Liège），进行了四年的专业绘画学习，而后辗转到巴黎继续学习。克莱芒把所有时间都投入到绘画之中，他凭着对艺术的一腔热忱，在1866年前后成功进入著名的威廉·阿道夫·布格罗（William Adolphe Bouguereau）工作室继续深造。威廉·阿道夫·布格罗是十九世纪末的法国学院派现实主义最具代表性的艺术家之一，沙龙画家中的佼佼者，一生中获得了众多的荣誉。

在职业生涯的早期，克莱芒就已经取得了一定的成就，在他第一次正式参加展览时，克莱芒的作品就曾引起一家英国博物馆的注意，其中，一幅描绘克里米亚战争中夺取萨瓦斯托波尔的水彩作品在展览中大放异彩，随后被这家博物馆收藏。他几乎将自己毕生的精力都投入到水彩画的创作之中，并通过描绘那个时代的战争故事来反映现实社会生活所暴露的一些问题，用细腻的写实手法将各种场景惟妙惟肖地表现出来，使得他成了十九世纪法国最为登峰造极的人文水彩画家之一。

除对水彩画的热爱外，克莱芒还对版画、素描和雕刻产生了浓厚的兴趣，也曾积极地探索这些领域并取得了一定的成就。1850年，克莱芒开始在巴黎沙龙展出他的作品，直至他去世，在这期间他曾投入版画的创作中，并出版了许多作品，其中最为出名的是描绘1870—1871年普法战争期间巴黎曾被围困的一系列作品，据说有三十幅之多。克莱芒同时作为插图画家，曾在1870年的普鲁士战争中，为法国当时最畅销的插图新闻杂志《世界报》（*Le Monde Illustre*）做出了巨大贡献，在此期间他创作了大量的有关战争题材且带有纪实意义的作品，他用画笔记录着普法战争中人与人之间最为真诚的生死离别和尔虞我诈的权力斗争，并因此成为战地画家中的翘楚。此外，他还曾经为亚历山大·杜马斯（Alexandre Dumas）的《一千零一个鬼魂》（*Mille et un Fantomes*）、维克多·雨果（Victor Hugo）的《罪犯的最后一天》（*Le Dernier Jour d'un Condamne*）等书籍绘制插图。

克莱芒的艺术细胞不仅仅表现在战争题材上，除此之外，山水、肖像、室内和室外的景致，甚至海洋、山脉、峡谷等自然奇观也是他挥洒才华的题材。他在描绘这些自然场景时，格外注重对光影和大气的表现，恰恰与我们所熟知的印象派的主张不谋而合。列日著名的评论家及策展人朱尔斯·博斯曼（Jules Bosmant）还将克莱芒誉为“列日的现代绘画之父”。博斯曼还是二十世纪比利时反种族主义联盟（CVIA）的创始人之一，他的反纳粹思想立场导致他被当时的政府严密监视起来，之后他还加入了爱国民兵队伍，被认为是武装抵抗运动的中坚力量。

十九世纪后半叶，克莱芒移居到罗马，他在人生的最后几年生活得很艰难，最终于1880年去世，并留下一个小儿子，为了获得利益，他的儿子拍卖了他遗留的所有作品。其中一部分作品遗失了，包括他创作的1600多幅素描和水彩作品。如今，克莱芒的画作在布鲁塞尔、列日和图尔奈的博物馆都有收藏和展出。

二、坎坷的艺术道路

1. 动荡的法兰西

随着法国大革命的到来，资产阶级的兴起，工业化步伐的加快等，法国社会发生着翻天覆地的变化，法国的文化艺术也随之而动，文艺领域也充满着变革，法国绘画也借着这股势头踏上了现代艺术之路，欧洲的艺术中心也开始由意大利转向法国，大批优秀的艺术家创作了大量优秀的艺术作品，艺术表现形式呈现全新的面貌，为之后的象征主义、超现实主义，以及表现主义等现代艺术流派的发展奠定了坚实的基础。

十九世纪的法国，崇尚理性的新古典主义崛起，用一种新古典主义回望遥远的史诗般的英雄主义精神，来对现实社会进行一种鞭笞。这一时期，法国的浪漫主义和现实主义在批判官方艺术的权威性中诞生，当时法国资本主义社会统治阶级和制度产生的种种恶行，逼迫着艺术家们只能通过自己的作品来表达他们对现实社会的不满与反抗，浪漫主义的艺术家们只能寄希望于未来与想象的世界，现实主义的艺术家们则客观地观察和反映现实并思考自己的命运。为了民族的解放，不论是画家、作家、还是音乐家，都纷纷投入自己的创作中，用他们的艺术实践参与到民族解放运动中去，这就使得法国在此特殊的历史时期里成了世界艺术的中心，为欧洲艺术的发展做出了不可磨灭的贡献。一些对世界绘画有影响的外籍画家如凡·高、达利、德加、毕加索等都曾在法国学习和居住。

经过十八世纪艺术家的不断尝试和探索之后，欧洲水彩艺术在十九世纪迎来了大繁荣。水彩画不仅深受广大人民的喜爱，也渐渐走入人们的生活，而且广受艺术家的追捧，其中，更是受到十九世纪现实主义画家的青睐。画家多利用它的便携和使用简易的特点来进行纪实性绘画，随着艺术家队伍的日益庞大，水彩画的面貌也变得丰富多彩。

2. 战争时期的创作

1866 年，普鲁士军队发动了普奥战争并取得了胜利，1870 年进行了普法战争，在 1871 年打败了法国，统一并成立了德意志帝国。普法战争后，法国接受了极其苛刻的投降条约，社会激烈动荡，民族矛盾激化，这些都成了克莱芒的现实主义绘画创作的表现题材。

在普法战争期间，克莱芒就职于《世界报》并为其提供插画，这个时期克莱芒绘制的插画大多都使用水彩和素描的表现方式，内容都是普法战争中的所见所闻：战争的残酷、社会的动荡、人与人的生离死别、战争里的市井生活，这些现实题材都成了克莱芒创作的源泉，可以说正是有了克莱芒倾注情感的细腻刻画，才得以将当时的社会面貌绘声绘色地展现在世界面前。

以克莱芒为代表的现实主义画家倡导客观、冷静和真实地观察、描绘生活，并且把典型事件和社会问题集中起来表现，所以这种风格本身就带有极其强烈的纪实色彩，人们可以从优秀的现实主义绘画作品中窥探画家所处时代的缩影，体会到那个时代最为真实的主旋律和情感基调。在这种思想的指导下，克莱芒坚守初心，用自己独特的语言向我们讲述着普法战争期间的社会百态，这本身就有非比寻常的现实意义和艺术价值。

3. 凄凉的晚年时光

克莱芒晚年来到了法国郊外的枫丹白露，和当时的巴比松画派的艺术家们一起领略大自然的别样风采，逃避动荡的社会和喧嚣的城市。克莱芒是极具天赋和才华的艺术家，同很多巴比松画派的画家一样，他也展现出早期印象派在作画时的一些思维特征，大自然所赋予的一切美好事物都在克莱芒的笔下得到进一步的升华。

克莱芒以自己高超的绘画技巧描绘了大量的现实主义题材作品，为法国及世界留下了宝贵的精神财富。他是最早接受印象派思想的艺术家，尽管在克莱芒所处的时代并没有出现“印象派”这个定义，但晚年的克莱芒俨然已经成为一个纯粹的印象主义者，他坚定地认为只要怀着一颗真诚的心去研究大自然，艺术就可以为这个残破不堪的社会带来足以净化心灵的力量和极强的现实影响。克莱芒不关心所谓的“艺术原则”，而是更加注重自己从自然界中得到的切身感受和绝对的第一印象。

克莱芒青少年时期并没有受过系统的艺术教育，这使得他晚年的绘画作品很难有新的发展，他人生的最后时光就像跌入了痛苦的深渊，他深受“艺术原则”的困扰和摧残，也很快被新兴的艺术流派所排挤。克莱芒没能在晚年回顾和总结自己绘画生涯上取得的成就，相反，这时的他垂垂老矣，疾病缠身，受到了精神和肉体的双重折磨，已经陷入不能再重新开始创作艺术作品的境地。他绝望地拖着已经被病痛侵蚀的身躯，在冷漠和固执中消磨着生命最后的时光，并在历史的发展中被逐渐淡忘。

三、现实主义绘画

十九世纪法国文学艺术界发起了一场现实主义运动，法国画家库尔贝（Gustave Courbet）是在绘画艺术领域打出现实主义旗号的第一人。根据资料记载：1855 年，库尔贝举办了一次个人画展，引起一场大辩论，文艺史上称为“现实主义大论战”。就在这次论战中，他创办了一种定期刊物，命名为《现实主义》。1857 年，库尔贝的热心支持者、艺术评论家尚弗勒里（Champfleury）又把他的文集定名为《现实主义者》，作为捍卫现实主义的信条。现实主义绘画倡导客观性与典型性，以典型化的形象讴歌现实生活中的真实人物、事件及情感，以写实化的手法平实无华地进行描绘。

克莱芒的绘画受到古斯塔夫 · 库尔贝和卡洛斯 · 杜兰（Carolus Duran）以及威廉 · 阿道夫 · 布格罗（William Adolphe Bouguereau）的影响。也正是受到了库尔贝的“要创造活生生的艺术”思想的影响，克莱芒走上了现实主义绘画创作的道路。他强调对生活真实的观察和体悟，表达淳朴的现实，通过他所置身的时代风俗和面貌表达自己的理想。

在那个时代，法国发生了一些重要的战争和社会变革，加上在现实主义思想的影响下，他选择用画面去记录这些现实中发生的战斗场景，以及社会动荡时期普通百姓的生活百态。同时，这种现实主义的表现方式也更适合他完成在《世界报》纪实类的插画工作的需要。

克莱芒受到卡洛斯 · 杜兰肖像画的影响，尤其是杜兰对人物精确传神的描绘，以及对人物的情绪和心理的表达，在后来克莱芒的作品中完全地表现出来。卡洛斯 · 杜兰是美国油画大师萨金特的恩师，他最擅长肖像画，所画人像真实生动，他以描绘法兰西第三共和国上流社会成员而闻名。

1867 年，克莱芒跟随法国学院派画家威廉 · 阿道夫 · 布格罗（1825—1905 年）学习绘画，布格罗被认为是十九世纪学院派最重要的画家之一，他以客观写实的绘画技巧描绘神话故事里的场景，受到艺术界的广泛认可，获得诸多荣誉。虽然他在十九世纪末期被印象派攻击，但仍在后世被人们所发掘和认可，并且被认为是学院派艺术最重要的画家之一。布格罗画中的人物都相当细腻真实，不论身形和神态都十分贴近现实，他善于运用写实的技法，将人物刻画得十分传神。即使是神话题材的人物，也因为他的刻画变得更加有血有肉。克莱芒在这里学到很多绘画技巧，尤其是人物速写的技法，这为他后来的肖像画和快速捕捉身边的人物形象提供了很大的帮助。

四、作品解读

图 11-1
《凯旋而归》
Triumphant Return

图 11-1 这幅作品是克莱芒描绘人物形象和神态的典型代表。克莱芒运用写实的表现方式，描绘了战争中士兵们为庆祝擒获战俘吹号鸣鼓的精彩瞬间。在克莱芒的描绘下，有些士兵脸上露出发自内心的笑容，有些将自己的佩刀举过头顶，甚至连小孩子也手握着配刀，想要加入其中。吹号者鼓起腮帮子，击鼓者高举着鼓槌，仿佛都使出了浑身解数来为这个激动时刻庆祝：天上的飞鸟，前面的鸡、鸭和狗都仿佛是这场盛大庆典的观众，它们也跟着一起开心起来……这些景象都和普鲁士的战俘形象形成鲜明的对比，他眉头紧皱，身穿深蓝色服装，站在画面的中心位置显得格格不入。在战争时代，无疑这是一张能够给法国人民带来正能量的作品。

图 11-2
《凯旋而归》（局部）
Part of *Triumphant Return*

这幅作品虽然是以速写的表现手法描绘的，但是细节之丰富，形象之生动，是一幅非常精美且耐人寻味的画作，虽然画面中人物的头和手都比较小，但是他完全将每个人物生动的表情、外貌特征都表现得淋漓尽致。尤其是对于头部和手部的刻画，他并没有就用几个简单的块面来表现，而是认真地将它们的体积，以及明暗加以区分并进行精细的刻画，他还适当地将人物的表情进行夸张的处理，为画面增添了一定的趣味感，并且通过寥寥的几笔就将画面中人物的衣着，身上佩戴的饰物，以及手里拿的枪械等器物的质感描绘了出来（见图 11-2）。

克莱芒用概括有力并且流畅的红褐色线条勾勒出人物、动物和物体的外轮廓型，隐隐约约能看见他用放松的组线分出亮暗面，好似一张速写稿。克莱芒选择用比较平淡写实的色彩描绘人物，而不是带有浪漫主义的浓郁饱和色彩。同时利用了水彩通透的特性，使画面整体呈现清新明亮的风格特征。画面远处的风景人物逐渐变得模糊，在画面之中渐渐褪去，增加了画面的层次感，让人的视觉更加聚焦在画面的主体人物之上。克莱芒对人物神态的细腻描绘，以及对人体动态的深刻理解，提升了画面的表现力和张力，增添了画面的活力，使得这幅作品成为兼具主题、深度、故事性和技巧性的作品。

图 11-3
《滑铁卢战役》
The Battle of Waterloo

《滑铁卢战役》（*The Battle of Waterloo*）（见图 11-3）是克莱芒作于 1852 年的油画作品，画作还原了著名的 1815 年 6 月 18 日滑铁卢战役场景。时至今日，滑铁卢战役都是失败的代名词，在战役结束后不久，许多诗人和画家纷纷来到这里，想要在这场著名的战役中寻找灵感，克莱芒也是他们中的一员。作品描绘了两军交战时的壮观景象，士兵的动态十分丰富，画面中心高举兵器的士兵正投身于激烈的斗争，有些受了伤的士兵瘫倒在一旁，有些骑着战马的骑兵穿梭在战场上。一时间尸横遍野、一片狼藉，远处的房屋经过战争的摧残轰然倒塌，废墟中硝烟渐起。

克莱芒在布格罗的影响之下，选择用现实主义的手法来描绘这场战役，整幅画面没有对某一个具体的人物进行细致的刻画描绘，是因为他反对渲染英雄主义的古典主义思想，反对浪漫主义的氛围烘托，而是真实、客观地记录战役。在克莱芒的描绘中，战场上奋勇杀敌的士兵栩栩如生，穿梭飞驰的骏马神采奕奕，让观众好像身临其境地观看和体验这场战斗。他对形体的描绘，也毫无保留地展现了他在造型方面扎实的绘画功底，以及对形体的深刻认识及理解。画面中运用大量暖黄色来着重刻画被阳光照射到的战场，笔触细腻精致；而被硝烟遮挡的阴影部分及天空则运用了蓝绿的对比色调进行渲染，笔触模糊概括。对比色的应用突出了画面的视觉中心，同时也增强了画面的感染力和张力，整幅画作色调和谐，画面虚实结合，达到了统一的效果。在构图上，克莱芒采用画风景时常用的广角构图，他致力于在有限的画幅里表现更多的内容，从而体现战争的宏大。克莱芒运用了自己的艺术风格，生动地记录了战争年代的这场恢宏史诗般的战役。

图 11-4
《街景》
Street View

图 11-4 这幅作品描绘的是战争胜利之时，士兵们凯旋的样子。画面中士兵们纷纷回到了自己的家乡，见到了自己思念已久的心爱之人，每个人的脸上都洋溢着幸福之感。画面的中心是一位颇具绅士风范的士兵，他伸手挽着身边手拿花束的妻子并侧脸深情地凝望，恨不得马上就要牵着她跳上一段优美的华尔兹。他们的旁边是一位年轻的士兵正踩着音乐的节奏邀请美丽的姑娘共舞一曲，画面的最左边是一位上了些年纪的妇人，她坐在凳子上，目光望向远方，似乎期盼着思念的人儿马上出现在人群之中。画面最右边有一位少女，俯身系着鞋带，仿佛正在为要见谁而做着准备。一个小乐队出现在画面的右上方，他们欢快地奏着曲子，他们的出现让整个画面充满了跳动的音符。在远处，人群渐渐模糊，他们之中还有许许多多怀着同样心情的人，温馨和幸福的感觉正在人群之中散播……

克莱芒在这幅作品的描绘中，还是和之前的画作一样采用了近实远虚的手法，让远处的人物和景物在画面中渐渐褪去，来营造画面的氛围。他在塑造人物时，喜爱用简单概括的色块来分出人体的体积，使画面显得干净、利落。色彩集中在画面的正中央，出现在画面中心的夫妇用了相对高饱和度的红色和蓝色，颜色渐渐向四周过渡，在突出画面视觉中心的同时，增加了画面的层次感。克莱芒在处理人物的神态时，采用了偏漫画式的手法，比如对画面中心士兵的面部表情进行了适当的夸张，使士兵显得更加生动。这些都是建立在克莱芒对人物深刻的观察和理解之后，主观提炼出来的。克莱芒用自己独特的表现手法，描绘了士兵见到亲人时幸福温馨的景象，表达了对战争胜利的美好期望。

《歌舞女郎》

Young Ladies in a Cabaret

《酒醉的士兵》

Drunken Soldiers

《学校课堂郊游》
Sortie de Classe Ecole

《纸牌玩家》
Joueurs de Cartes

《肉点前排队的人（1870 年包围巴黎）》（左图）
La Queue Devant La Boucherie(Siège De Paris En 1870)

《死亡寓言》（右图）
Allegory of Death

ANDRIEUX

《鉴赏家》
The Connoisseur

《辅助路障》
Aux Barricades

《吉他手》

Chanteuse à La Guitare

《街头小贩》

La Marchande Ambulante

克莱芒作为艺术家的一生虽然并没有走向圆满的成功，但是他在一些领域也是有所成就的，特别是他在普法战争期间留下的各种反映战争和社会的水彩画和版画作品，既是优秀精美的艺术品，又是生动真实的时代记录。克莱芒坚持在现实主义的基础上进行创作，用客观的态度去观察他身边的世界，再用真实的表现技法去绘制他所见到的一切，使得他的作品成了十九世纪法国历史的侧面补充和重要的考证资料。通过他的绘画作品，我们可以更真切地领略到那个时代的动荡、战争的残酷，其价值和意义远远大于一张普通的插画和速写记录。同时代法国有着丰富多彩的艺术形式，艺术家们的思想碰撞不断产生新的火花，但是克莱芒坚定地站在现实主义的角度去反映现实生活中的法国，这是克莱芒作品里的最具特点和价值的地方。

除此之外，克莱芒的绘画能力也是非常值得肯定的，他深受库尔贝、布格罗等现实主义大师的影响，无论是人体动态还是面部表情，克莱芒的作品都有着精确生动的表现，从战争中士兵的生死离别，到城市里市井小民的柴米油盐，克莱芒都拿捏得十分精准到位，仿佛是对这些生动瞬间的艺术凝固，这同时也是克莱芒对人物造型和画面归纳能力的体现。他晚年在枫丹白露的风景创作、对于光与色的研究，以及对自然界瞬间感受的捕捉和描绘，被看作十多年后才提出的印象派理念的雏形。和克莱芒同期的很多十九世纪中期法国现实主义艺术家们发展了美术作品的写实技法，特别是在风景画中对光线和空间感的表现。他们在户外写生或者记录场景、收集素材来创作的方式影响了之后的很多流派。另外，正是由于法国现实主义艺术家们的努力，在历史中不曾被重视的平民及默默无闻的劳动者，才能在艺术创作的领域得到一定的尊重与讴歌。虽然克莱芒在世时没有取得很高的艺术成就，但是到了二十世纪八十年代，西方艺术领域重新掀起了十九世纪现实主义绘画的风潮，克莱芒的绘画又得以被重视和欣赏，他的能力和天赋在后世也逐渐被人认可。

参考文献：

[1] Paul Detrimont. Catalogue de Tableaux, Aquarelles, Dessins, Offerts Par Les Artistes La Famille Andrieux [M]. Hachette Livre-BNF, 2021.

[2] Hazlitt, Gooden & Fox. Nineteen Century French Drawing [M]. Hazlitt, Gooden & Fox, 1997.

[3] Darren Hurley. Paradise Con-Demed. Further Rants and Ramblings of a Bristolian Cynic [M]. Darren Hurley, 2011.

[4] Cavalie Mercer, Bob Carruthers. Waterloo 1815: Captain Mercer's Journal [M]. Coda Books Ltd, 2011.

[5] Francois Daulte. French watercolors of the 20th century [M]. Viking Press; First American Edition, 1968.

约瑟夫·克莱顿·克拉克

——狄更斯笔下的众生百态

Joseph Clayton Clarke

1856.?—1937.8.8

1856 年，在英格兰岛和爱尔兰岛之间碧蓝的海面上，正值金雀花盛开的时候，阳光穿过清透的海风，轻拂在一座山尖没入云海的金碧色岛屿上。这座英属领地的曼恩岛（Isle of Man）以其灵动沉静的气质迎来了一位享誉国际的英国自由水彩人物插画家约瑟夫·克莱顿·克拉克（Joseph Clayton Clarke，1856—1937 年）的诞生。他天资聪颖、多才多艺，一生涉猎多门学科，早年从事香烟、明信片的包装设计，因创作一系列以查尔斯·约翰·赫发姆·狄更斯（Charles John Huffam Dickens）小说中的人物形象为原型的系列插画而声名远扬。1889 年，他与艾格尼丝·罗伯茨（Agnes Roberts）结婚，共育有十个孩子。1892 年左右，克拉克举家搬迁到西萨塞克斯的奇切斯特。1937 年 8 月，约瑟夫·克莱顿·克拉克在伦敦汉默史密斯的新端医院（New End Hospital）去世。

一、与《打孔》杂志之缘

英国著名讽刺漫画杂志《打孔》(*Punch*)创刊于1841年，由木刻家埃比尼泽·兰德斯（Ebenezer Landells）和记者亨利·梅休（Henry Mayhew）创立于伦敦。*Punch* 作为英国老牌的讽刺漫画杂志之一，本着"鞭策权威以捍卫被压迫者的权利"的态度，通过诙谐幽默的讽刺手法描绘有关政治、文化、家庭等方面的社会热点问题。1843年"卡通"（Cartoon）这个术语便是首次出自 *Punch* 的，指代幽默的具有讽刺意义的插图，在十九世纪四五十年代，*Punch* 的影响力达到了巅峰，每期销量都上千册，因此期刊影响力很大，受众很广，并且"卡通"一词沿用至今。因销量急剧下滑导致杂志社入不敷出，*Punch* 于2002年永久停刊，但它作为插画艺术的承载体，在美术史中留下了浓墨重彩的一笔，至今仍熠熠生辉。

据史料记载，克拉克曾在 *Punch* 任职过，具体时间已无法考证，但可以知道的是，在这段时间里，克拉克痛苦地感觉到这种为迎合市场需求的高强度的工作状态，以及被各种要求的束缚，限制了自己的艺术发挥，有悖于他个人的艺术追求，于是毅然辞去这个在他人眼里代表着崇高社会地位且薪酬优渥的工作。

二、艺术成就

在成为一名自由艺术家后，克拉克化名"基德"，每张作品均以"Kyd"标志性符号署名，而《狄更斯人物》这一系列插画作品为他赢得了社会的声望和经济的富足。

1887年，克拉克的插画首次出现在《弗利特街》(*Fleet Street*)杂志上，之后出版了两本收藏集，分别是《查尔斯·狄更斯的人物角色》(*The Character of Charles Dickens*，1889年）和《查尔斯·狄更斯作品中的一些知名人物》(*The Works of Charles Dickens*，1892年）。早在二十世纪，克拉克就出版了五套他创作的狄更斯小说人物插画系列的明信片，以及七套非狄更斯式的漫画卡片。

除了《狄更斯人物》系列外，克拉克还于1900年前后为报刊绘制插图，如《读报者》(*Some Typical Newspaper Readers*)系列、《书和读者》(*The Book and Its*

Reader）系列以及《伦敦人物》（*London Types*）系列等，其拍卖价格也是一路飙升。1916 年，他还为加拉赫有限公司创作了 50 名吸烟者的系列肖像，名为《烟草的崇拜者》（*Votaries of the Weed*），发行在一系列的香烟卡上。

弗雷德里克·基顿（Frederic G. Kitton）在他的《狄更斯和他的插画家》（*Dickens and His Illustrators*，1892 年）一书中提到了克拉克：1890 年 5 月 17 日在佳士得举行的克拉珀姆公园查尔斯·狄更斯藏品拍卖会上，拍卖了 241 套克拉克的狄更斯小说人物水彩画，当时私人收藏克拉克最多作品的是汤姆·威尔逊（Tom Wilson），他拥有 331 件克拉克的作品。

1910 年，大英博物馆（British Museum）收购多达 598 张克拉克的作品，包括《狄更斯人物》的插画图合集，除此之外，维多利亚和阿尔伯特博物馆（Victoria and Albert Museum）、狄更斯博物馆（Charles Dickens Museum）和得克萨斯大学奥斯汀分校（University of Texas at Austin）也分别珍藏有克拉克的《狄更斯人物》的插图合集。此外，英国皇家邮政于 2012 年发行了克拉克的 6 张狄更斯小说系列人物插图的邮票。

克拉克享年 80 岁，作为一个高产的水彩插画家，他的风格独特，想法犀利，诙谐风趣中充满了伦敦情调。其画作小巧精致，题材反讽社会现实现象，迎合了十九世纪末二十世纪初普通读者的审美趣味，从而提高了报刊的竞争力。克拉克小尺寸的画幅在刻意弱化画面背景的同时紧抓人物神态特征，刻画了狄更斯小说笔下各个阶层的众生百态，揭露了大时代背景下资产阶级的丑恶嘴脸与劳动者卑微多舛的命运。人物夸张的动态和微妙的神态通过水彩灵动的特质加以突显，人物的形象极富讽刺及批判的意味。他以严肃、审慎的态度对现实生活进行观察体会，以细腻夸张的手法，满怀激愤地揭露当时时代背景下资产阶级的虚伪、贪婪，表达了对社会底层人民深切的同情与赞美，极具现实主义批判色彩。

三、工业革命下的十九世纪的英国

“这是最好的时代，也是最坏的时代。”狄更斯在《双城记》的开篇这样写道。十七世纪末十八世纪之初的英国，正处于工业革命大生产时期，1779 年瓦特改良了蒸汽机技术，标志着工业革命的到来，商人们开始逐渐用机械化设备代替劳动力进行生产，这不仅加快了生产的速度，还大大提高了社会的生产力。随之而来的热力鼓风、冶金等创新型能源驱动技术的开发与完善，加速了纺织业、运输业等行业的变革。同时，在农业革命的催化作用下，当时的英国进入了资本主义大发展时期，经济蒸蒸日上。但就像阳光普照之下必然会有阴影相随一样，资本主义的迅猛发展也带来了经济结构上贫富的极端两极化，英国社会呈现出精英阶层发展如火如荼，而底层民众饥寒交迫的“冰火两重天”的时代样貌。

克拉克所处的十九世纪的英国，一方面是工业在引进各项先进技术后处于蓬勃发展并为整个社会带来的全面繁荣的表象，另一方面则是在工业技术大革命之后，对于劳动力的需求大幅度减少导致整个社会底层处于极端贫苦的境地。 这种发展急剧不平衡的状态，加剧了社会矛盾、阶级矛盾及劳资矛盾。资本家乘着工业革命的东风实现了经济收益最大化，而底层民众的生活则笼罩在重重阴霾之下。

由于大机器生产的逐渐普及，许多工作不再需要“孔武有力、精通技巧”等必备条件，开始趋于简单化。这也使得在贫民生存问题日益严峻的情况下，妇女与儿童为谋求生计，不可避免地成为资本家的用工对象。但是，同工不同酬的待遇导致他们所赚得的极其低廉的工资在生存面前简直是杯水车薪。这一情况似乎陷入了恶性循环，催生了社会底层多生多养的现象，随之而来的是更加贫穷、遗弃子女等残酷的状况，悲惨的城市流浪儿童成为严重的社会问题。

四、儿童文学的发展

月盈则亏，终于在整个社会的贫富差距达到顶点之时，资本主义开始崩塌，一方面资本家手中握有大量的资源或产品无法销售，另一方面底层民众依旧生活在食不果腹、水深火热之中。正是在这种极端的社会冲突之下，诞生了一大批反映现实主义的不朽名作，诸如雨果的《悲惨世界》、狄更斯的《雾都孤儿》、勃朗蒂的《简·爱》等，另外，更有揭露资本主义剥削本质的伟大作品——马克思的《资本论》。

在儿童教育以及儿童文学方面，随着欧洲启蒙运动的发展、唯物主义思想的传播，以及科学技术的进步，人们的科学观念和人文素质正在不断提高，对儿童教育也更加关注，儿童作为具有独立人格的群体，应当有适合他们需要的读物，于是大量图文并茂、情节生动、趣味高尚的儿童读物被出版。

五、插图艺术，新兴的艺术形式

插画（Illustratio）一词源于拉丁文，原本的含义是“照亮，使之看得见”。欧洲最初的插画一般是指宗教读物中的配图，叙事性插图承担着解释教义的功用，由于宗教发展的需求，插图艺术也随宗教读物的手工复制流传下来。1452 年，德国人约翰内斯·谷登堡（Johannes Gutenberg）发明了铅合金活版印刷术，伴随着脂肪性油墨的大量使用，印刷的质量和速度得到了前所未有的提高。正值艺术史上第一次艺术发展高潮的文艺复兴时期，人文思想的提出使得各阶层的民众有机会接触到除宗教以外的艺术体验，插图也随之悄然兴起。但是，插图艺术真正意义上的发展在十九世纪，这一时期还出现了专职插画家。英国政府于 1855 年取消了报纸税，并将随着经济的繁荣而壮大的新兴资产阶级首次纳入报刊受众群体中，同时，大机器生产时代导致劳动力的解放，使得人们对报刊、文学书籍的需求量激增，于是插图艺术得到了广泛的推广。直至二十世纪五六十年代，技术及观念的进一步飞跃，使得图书造价低廉且可以大批量生产，插图艺术迎来了繁荣发展的黄金时期。

插图是艺术家通过自我的理解力及感受力将文字叙述的内容视觉化，把文字语言转换为表达同样内涵的视觉图像的一种艺术形式。在书籍中，插图作为文字的辅佐，把文字信息变作可视的具体形象，个性化艺术语言与大众化的审美形式同时附加于这种经过艺术家加工处理的图像上，可使读者加深对书籍内容的理解与记忆。

六、狄更斯作品插画

在插画配图方面，狄更斯的作品可以说极具前瞻性，仅在当时发行的原版书籍里，体量庞大且丰富多样的插图就已展示出高超精湛的艺术价值，在文学艺术领域占据了独特的地位。当插图艺术随着时代的发展而蓬勃兴盛时，狄更斯作品中的插图作为宝贵的艺术文献资料，为插画艺术的发展奠定了深厚的基础，展现了可供借鉴的伟大艺术成就。狄更斯作品中各类插图几乎就是图书插画艺术的每一个分支及类型的代表：专门从事地图等绘制工作的制图员用铅笔描绘的插画、铜版画家用刻针在版面上所作的插图。在与狄更斯合作的插画家中，有以素描铅笔画为主的乔治 · 克鲁克尚克（George Cruikshank）、擅长铜版画的菲茨 · 哈布勒奈特 · 布朗（Phiz Hablôknight Browne，简称“Phiz”，1815—1882 年）、丹尼尔 · 麦克利斯（Daniel Maclise，1806—1870 年）、以木刻版画呈现的卢克 · 菲尔德斯（Luke Fildes，1844—1927 年）等，这些画家用画笔为我们描绘了狄更斯作品中许多引人注目的场景。

与现当代狄更斯小说绘制插图创作不同的是，当时的制图工作，是作家与艺术家之间思想观念及经验感受的灵魂碰撞。狄更斯通过文字将自己意识中的十九世纪的英国合理呈现，小说中的每个场景、人物和细节都被构建得饱满具体且私人化，而“想象”这一天马行空的大脑思维活动，就像在无边无际、无相无形的虚空进行任意而自由的形象场景塑造。当插画家根据狄更斯的文字叙述进行视觉图像的再创造时，必然是根据画家个人生活经验进行想象，再通过其艺术语言将这一想象中的形象场景绘制成图像的，这就造成了狄更斯与他的插画家们在插图呈现认同上的偏差。

狄更斯对自己作品的每一张配图都有很严格的要求，一旦插画家的作品有了不符合狄更斯想法的多余修饰，不能准确地将作家观念传递，狄更斯则宁愿自己出版的书中没有任何插图，避免图不达意而破坏他想表达的意图。但在插画家开始绘制之时，狄更斯不会对他们赘述冗多或是指定要画的内容，仅仅是把校对后的文稿发给他们，给一个“越模糊越好”的概念，任插画家自由选择要表达的人物和场景，通过已具备的审美能力与创作方法在方寸之内营造自己的艺术天地，避免给画家过多的束缚而阻碍了他们艺术创作的自由发挥。在任何情况下，狄更斯对插画家在绘制内容的选择上都不会加以规定，但往往在插画家提交画稿给他时，狄更斯会指出他们作品呈现的最终效果中诸多与自己想法不符的地方，这就使得与狄更斯合作的插画家们在设计上依旧会受到一定的阻碍。据说在《我们共同的朋友》一书的插图设计时，狄更斯希望插画家延续菲茨（Phiz）的铜版插图中人物点缀于广阔场景中的风格。所以，从某种程度上说，狄更斯是以一种严格审慎而又包容放纵的态度对待着他文字的衍生插图的。

狄更斯作品中的插图受到了广大读者的追捧与认可，如克鲁克尚克（Cruikshank）和菲茨那样拥有超群的艺术天赋的画家使得狄更斯想象中的人物场景真实详尽地呈现在读者眼前。这些活灵活现的优秀插图作品与狄更斯温暖且深刻的文字一起，文字与视觉符号合力传递着小说中的意识与观念。

七、用狄更斯的作品表达自我观念

自狄更斯第一部长篇小说《匹克威克外传》（*The Pickwick Papers*）出版以来，好评如潮、广受赞誉，艺术家和出版商都从中窥见商机，纷纷与之合作，利用狄更斯作品的人气，获得了巨大的经济收益，还有一些插画家开始根据其小说的内容绘制独立插图，这些作品不作为小说配图一同出版，而是单独发行的。出版商趋利而行，有时甚至并没有征得狄更斯的同意与授权，仅因获利空间巨大而与良莠不齐的各类画家、艺术家合作。但市场规律会自发地淘汰那些艺术造诣不够深厚，甚至连铅笔与铜版刻针都无法运用自如的插画家，同时，这种市场趋利的现象也为插画艺术的发展提供了更为广阔且自由的空间，艺术家可以不受任何限制地使用个性化的绘画处理方式，使每一幅画都拥有无限可能。当时的市场对狄更斯小说插画有源源不断的需求，促使了各类型插画层出不穷，几乎每种艺术形式均有涉猎，包括水彩画、铜版画、木刻版画、钢制雕刻、彩色平版印刷等。

克拉克便是通过他富有特色的水彩人物肖像而闻名的。克拉克的插画作品罕见地以水彩材质进行直接作画，刻画了伦敦各个阶层，包罗万象，展示了大时代背景下小人物卑微而多舛的命运。人物夸张的动态和微妙的神态通过水彩灵动的特质加以展现，富有讽刺及批判的意味。他以严肃、审慎的态度对现实生活进行观察体会，以写实画法满怀激愤地揭露资产阶级的虚伪、贪婪、卑琐、凶残，表达对社会底层人民深切的同情，极具现实主义批判色彩。作为主要专门研究查尔斯·狄更斯作品中的人物的前沿画家，克拉克所画系列包括以下人物肖像：《大卫·科波菲尔》（*David Copperfield*）中的15幅肖像、《双城记》（*A Tale of Two Cities*）中的9幅肖像、《雾都孤儿》（*Oliver Twist*）中的18幅肖像、《远大前程》（*Great Expectations*）中的9幅肖像、《马丁·翟述伟》（*Martin Chuzzlewit*）中的18幅肖像、《困难时期》（*Hard Time*）中的8幅肖像、《我们共同的朋友》（*Our Mutual Friend*）中的13幅肖像、《董贝父子》（*Dombey and Son*）中的18幅肖像、《老古玩店》（*The Old Curiosity Shop*）中的18幅肖像、《小杜丽》（*Little Dorrit*）中的12幅肖像、《巴纳比·拉奇》（*Barnaby Rudge*）中的12幅肖像、《尼古拉斯·尼克比》（*Nicholas Nickleby*）中的18幅肖像、《德鲁德疑案》（*The Mystery of Edwin Drood*）中的6幅肖像、《匹克威克外传》（*The Pickwick Papers*）中的25幅肖像、《荒凉山庄》（*Bleak House*）中的15幅肖像，以及《薄兹的素描》（*Sketches by Boz*）中的14幅肖像。

八、克拉克艺术特征

同时期为狄更斯小说配图的插画家，大多以铅笔素描或铜版印刷的方式进行创作，且通常选择以情节性的人物组合场景进行描绘，人物动态生动而夸张，但对于人物细致的刻画方面则相对较弱。和他们不同的是，克拉克使用水彩这种材料，选取单个人物肖像为特定创作方式，着重于面部表情的刻画，通过对人物富有标志性特征的身份地位的衣着、发型、体态，以及常用物件等细节的描绘，克拉克以其独特的风格脱颖而出，主要有以下三种艺术特征。

1. 背景留白式的人物肖像插图与突破性的水彩创作方式相结合

克拉克的近五百幅人物插画均采用肖像创作方式，将单个人物置于画面视觉中心，背景采用直接留白的方式，弱化其解释环境营造氛围的功能，在没有场景的约束下恣意展示主体最突出的特征，使得“人”这一主体的内涵被无限放大。

留白式背景引导观者将注意力集中在人物上，感受其突出特征，使小说中丰富立体且个性突出的人物形象跃然纸上，更直观地投射在观者印象中。叙事性情节的刻意省略，增加了人物概括归纳及塑造表现的难度，要求艺术家拥有敏锐的感受力、超高的造型能力，以及精湛的刻画能力。

在插图艺术处于以黑白素描和铜版印刷为主的创作环境下，已有零星的插画家以素描为主施以淡彩的方式作画，但克拉克是突破性地完全使用水彩这一材质进行精致描绘的第一人。

如图 12-1 所示，克拉克的画面干净清爽、生动精致，没有铅笔打稿的痕迹，面部用赭红色水彩颜料以勾线的方式刻画五官，以肤色为基底薄涂，在关键结构处简要叠加，以不透明白色颜料点缀眼白及高光部位，水彩清透的特质被凸显。在服饰的描绘上，底色是以衣服固有色本身的明度控制用彩的浓淡一遍成型的，再用重色在衣褶处根据结构转折加以勾画，适当地突出体积感。在人物阴影的表现方式上，克拉克选择了带有颗粒沉淀的群青，用写意的笔法简单勾勒脚下阴影的走向，再用晕染的方式过渡到背景的空白处，从而产生一种“渐隐”的效果。这种绘画方式使他所描绘的水彩人物形象介于细腻写实与简易平面之间，开创了水彩插图特有的艺术形式。

图 12-1
《银行职员》
Bank Clerk

图 12-2
《雾都孤儿》
Oliver Twist

2. 单层次的创作手法呈现复杂立体的人物性格

克拉克执着于人物肖像插画的创作，且均采用小幅纸张，以水彩刻画塑造全身像、背景留白的典型作画方式，摒弃了画面多余的表现元素及手法，着重于人物形象的细节描绘，以呈现其复杂且立体的性格特征。这种单层次、程式化的创作手法使得其插画风格充满单纯的张力和厚重的凝聚力。

最值得一提的是，克拉克在自己固定的创作模式下，仅通过细微之处就能将每个人物的性格特征凸显，每个人物都在他的画面中拥有了生命与独特的气质。如图 12-2 所示，克拉克刻画了狄更斯《雾都孤儿》中的犹太人费金，狄更斯笔下的费金是一个盗窃团伙中的头目，收留了一些流浪儿童并诱骗教唆他们去行窃，以满足自己的私欲，一旦孩子们违背他的意愿，或做的事不符合他的心意，他动不动就大发雷霆、拳脚相加。但同时，费金也有其温情的一面，虽然收留这些儿童是受利益的驱使，但他为这些流浪儿童提供住所与吃食，使他们在这个资本猖行、物欲横流的世界不至于饿死街头，这一丝丝的善意让他的人性依旧闪着微弱的光芒，不至于完全泯灭。

人物的外貌穿着及形体神态很大程度上可以反映出其生活环境、社会地位、成长境遇及性格特征，克拉克在仔细研读狄更斯的作品后，紧紧抓住狄更斯文字中的外貌描写，“一大团乱蓬蓬红头发”“油光可鉴的长衫”“枯瘦如柴”，还有他手中总拿着一把烤叉的习惯也被艺术家安排进了画面。不修边幅的外形使得他不那么光鲜亮丽的生活展现在观者眼前，克拉克通过费金随意弯曲站立的动作，既没有表现贵族昂首挺胸不可一世的优越感的形态，也不是绅士般气质优雅的姿态，恰到好处地将他的身份通过站姿确立了下来。在面部描绘上，克拉克表现了费金侧面颔首并抬眼上看的微妙的动态，在五官中着重突出几乎贴合在一起的眉眼，间距的紧窄凸显了眼窝的深邃，通过这一系列的安排，将他贪婪阴险、阴阳怪气的眼神体现得淋漓尽致，完全还原了狄更斯笔下的费金。虽然摒弃了情节性的画面，但通过细节的安排使得他的肖像插画依旧具有叙事性，把费金“将毒汁一滴一滴注入奥利弗的灵魂，要把它染黑，让它永远不再恢复原色”的内心世界通过精准的肖像画完全呈现在观者眼前。

3. 主观感受与现实主义的完美融合

艺术作为一种打破时空界限、镌刻着时代印记的永恒形式而熠熠生辉。任何有力量的艺术作品都建立在艺术家对所处时代的深切感受之下，社会的动荡变革，阶级的冲突对抗，哲学及文艺思潮的激荡，人性的仁爱光辉与丑恶扭曲，无一不震撼着艺术家的心灵。

克拉克生活在英国工业资本主义社会发展的极盛时期，为同时代的狄更斯作品所绘制的插图灵动而深刻地描绘了社会各阶层人物肖像。其笔下的人物紧紧地贴合英国工业革命这浩大洪流席卷之下的十九世纪，其人物形象几乎涵盖英国社会的各个领域，真实地展现了英国广阔社会图景下人物的真实状态，揭露了维多利亚“盛世”背后严峻的社会问题。

克拉克对狄更斯小说中的人物角色的细腻刻画也基于他所看到的、接触到的周围真实的生活。作为插画艺术家，克拉克通过狄更斯小说人物这一主题，表达他个人对当时英国社会的主观感受。在人物形象的图像化呈现上，克拉克重视细节的真实和强调主观介入。以其主观意图进行可视化创作，侧重提炼自己在当下社会生活中的感受。而在对具体细节的描绘中，他又严格地遵循着客观现实的逻辑，对各种人物进行逼真描绘，包括衣着配饰等细节的精确刻画，都经过了仔细的研究和考证，使得他的插图以一种严谨而细致的绘画技巧著称。

如图 12-3 所示，克拉克仅用精简的笔墨便将一个精明且略带尖刻的包租婆形象刻画而出，凹陷的脸颊、尖锐的下巴和鼻子，以及瘦骨嶙峋的身板，诉说着并不丰腴富庶的生活，佝偻的双腿虽隐藏在黑色布裙之下，但并不优雅的站姿、没有光泽的裙子与陈旧的披肩，还是透露出她由于拮据而导致的沧桑之感，而不离手的挎包是她彰显自己身份的象征，上挑的眉毛和写满算计的眼神更是将一个挣扎在底层与上流社会之间的妇人刻画得栩栩如生。克拉克就是这样用自己深刻的感知与理性的观察，来揭露这一时期英国社会各种社会现象，以及表达对劳动人民的同情和支持。

图 12-3
《包租婆》
Landlady

4. 与小说语言特色相衬的幽默式艺术手法

矛盾感作为狄更斯式幽默的内在机制，通过与普遍逻辑不相符的非合理状态制造一种荒诞感，打破读者对人物性格与事态发展走向的预期，这种意外的转折产生的幽默与讽刺是狄更斯小说魅力的重要来源之一。

克拉克常常运用夸张的艺术手法将狄更斯笔下的人物特征中隐含的幽默因素放大，通过与现实生活中肢体动作、表情神态的不协调不相称，突出其荒谬滑稽、可笑讽刺之处，引起读者的回味与思考，从而产生强烈的喜剧效果。

在图 12-4 中，双手拿着手杖捧在胸前、一圈红色的络腮胡挂在圆圆的脸盘上、站姿呈现出与成年人不符的“乖巧感”，以及富有戏剧效果的憨厚真诚的笑容，克拉克通过放大这些特征，将一个憨态可掬、具有“喜感”的绅士形象描绘在画面上。他善于通过人物的表情、神态及动作等外部特征，将人物的内心世界外化，暗示出英国工业革命这一大背景下人性的复杂多变。

在图 12-5 中，克拉克描绘了穿着蓝色燕尾服的白发男子，仅用寥寥几笔就将男子面部的特征及稀疏的白发表现了出来，他的表情和动作似乎有些拘谨，可能是担心吓跑手心里正在啄食的小鸟。克拉克用色块对衣着进行了概括，衣褶的粗线条与精细的轮廓线形成了对比，丰富了画面的表现形式。

图 12-4
《红色络腮胡》
Red Whiskers

图 12-5
《蓝色燕尾服》
Blue Tuxedo

《韦勒 · 西尼尔先生 1899 年狄更斯笔下匹克威克外传中的人物》
Mr. Weller Senior 1889 Dickens the Pickwick Papers Character

《邦布尔先生 1889 年狄更斯笔下的雾都孤儿中的人物》
Mr. Bumble 1889 Dickens Oliver Twist Character

《格拉夫克斯特》
Grafxquest

《律师》

Lawyer

《弗雷德里克·多里特先生》
Mr. Frederick Dorritt

《威廉 · 多里特》
Mr. William Dorritt

《约翰 · 爱德华 · 南迪》
John Edward Nandy

《约翰 · 奇内里》
John Chivery

《抽烟卡图纸》
Cigarette Card

十九世纪英国社会现状下的众生百态就这样通过克拉克的水彩插画作品被记录了下来，他一生致力于水彩插画的艺术形式，以活灵活现的形象、溢出画面的幽默，妙趣横生、细致入微地揭露资本家对工人的残酷剥削和压迫，以及对工人阶级的团结斗争和人民群众的重重苦难给予同情和支持，是现实主义与浪漫主义有机结合的不朽之作。

参考文献：

[1] Charles John Huffam Dickens. Oliver Twist [M]. Editorial Axioma, 2016.

[2] Charles John Huffam Dickens. Little Dorrit [M]. Modern Library, 2002.

[3] Charles John Huffam Dickens. Dombey and Son [M]. Modern Library, 2003.

[4] 雷勇斌，袁菁嶷 . 英国水彩画的流变与解析 [M]. 重庆：重庆出版社，2017.

欧诺雷·维克托兰·杜米埃

——现实主义讽刺画大师

Honoré Victorin Daumier

1808.2.26 - 1879.2.10

图 13-1
欧诺雷 · 维克托兰 · 杜米埃

欧诺雷 · 维克托兰 · 杜米埃（Honoré Victorin Daumier，1808—1879 年）（见图 13-1）是法国著名的版画家、漫画家、雕塑家和油画家。他以现实主义的创作风格和辛辣讽刺的语言特色在大革命时期的法国艺坛声名鹊起，被后人誉为“现实主义讽刺画大师、漫画界的米开朗琪罗”等。在那个政权动荡、社会混乱的年代，杜米埃的作品聚焦底层民众的现实生活，利用刻刀和画笔揭露和批判腐败的波旁王朝，抨击普鲁士王国的野蛮侵略行径，表达自己对劳动人民的深切同情和对祖国的满腔热血。

同时，杜米埃也是一位高产的艺术家。在他 71 年的艺术人生中，共创作了 4000 余幅石版画、1000 余幅木版画、1000 余幅素描、100 余件雕塑，以及 500 多幅油画和水彩作品。他既有参加巴黎公社运动的豪壮之举时刻，也有因嘲弄国王而被捕入狱的锒铛时刻。虽然杜米埃生前就已获得崇高的声望和人民的爱戴，但大多数时间他仅能依靠在杂志上发表漫画赚取的微薄稿费维持生计。

杜米埃的作品因其深刻尖锐的时代思想和强烈的阶级斗争意识成为当代讽刺漫画的经典范例。即便在今日，这些作品仍比许多当代艺术家有更广泛的受众群体。杜米埃著名的代表作有《三等车厢》（*A Third Class Railway Carriage*）、《堂·吉诃德与潘沙》（*Don Quijote de la Mancha and Sancho Panza*）、《洗衣妇》（*The Laundress*）、《高康大》（*Gargantua*）、《立法院之腹》（*Le Ventre Législatlf*）等。

一、时移世易

十八世纪末，英法争霸的“七年之战”（Seven Years War, 1756—1763 年），英国和普鲁士的联盟与法国和奥地利的联盟之间的战争最终以法兰西的战败而结束，导致法国元气大伤。与此同时，法国国内经济也不景气，政治腐败，通货膨胀的情况日益恶化。1788 年的干旱和冰雹灾害又导致农作物歉收，人民的生活负担进一步加重。思想启蒙的浪潮正轰轰烈烈地席卷着这片土地，法国的社会矛盾已经到了一触即发的当口。

1789 年，法王路易十六（Louis XVI，1754—1793 年），是法国波旁王朝的第五位国王，在他统治期间进行的强制加税成了压垮骆驼的最后一根稻草。当时，法国崛起的资产阶级与坐拥统治地位的旧贵族特权阶级之间产生了难以逾越的矛盾。路易十六见加税不成便宣布强制解散议会，被激怒的巴黎人民揭竿而起，攻占了巴士底狱，法国大革命彻底爆发。

此后数百年内，法兰西政权频繁更迭，人民痛苦不堪。不同的政党派别为宣传各自的政治主张，纷纷把报纸、期刊等出版物当作舆论武器用来攻击敌对政治阵营。特别是 1830 年后，政府放宽出版审查制度，印着讽刺漫画、讽刺文章的小册子在巴黎街头随处可见。也正因大革命特殊的政治环境，才孕育了法国十九世纪一批卓越的版画家、漫画家和小说家，杜米埃便是其中的佼佼者。

二、人生经历

1. 悲惨童年

1808 年 2 月 26 日下午 3 点，杜米埃出生在法国第三大城市，也是法国最大的港口城市马赛市（Marseille）的里昂街。他的母亲塞西尔·凯瑟琳·菲利普（Cécile Catherine Philippe）是一位淳朴的农村妇女，父亲让·奥古斯特·巴蒂斯特·路易斯·杜米埃（Jean August Baptiste Louis Daumier）是一位子承父业的玻璃匠人，靠烧制玻璃器皿和制作相框为生。虽然只接受过小学教育，但巴蒂斯特·杜米埃却有一个可望而不可及的梦想——成为一名作家，并热衷于在工作之余的闲暇时光创作诗歌。此外，据记载，杜米埃的家中还有两个姐姐和一个妹妹，但其大姐在出生几个月后便不幸夭折。

儿时的杜米埃就展现出过人的艺术天分和对绘画的浓厚兴趣，但他的这个爱好却遭到父亲的反对和阻挠。父亲希望小杜米埃能够继承自己的手艺，把他培养成家族事业的接班人。因为玻璃匠人在当时的法国仍属于高端手工业阶级，经济收入相对优渥。但时不逢运，由于法国工业革命的迅速推进，这个行业开始逐渐被机械化工厂替代。因为客源少而市场竞争日趋激烈，巴蒂斯特·杜米埃的玻璃生意越来越难做。

1815 年 4 月，年近四十的巴蒂斯特·杜米埃决定留下妻儿，只身前往巴黎去追求他那注定要失败的文学梦想。此番行程的另一个目的，则是为了另寻能养家糊口的新工作。

初到巴黎，巴蒂斯特·杜米埃就在一次偶然的机会中结识了法国国家古迹博物馆（Musée National des Monuments Français，始创于 1795 年）馆长玛丽·亚历山大·勒诺瓦骑士（Marie Alexandre Lenoir，1761—1839 年，法国考古学家、博物学家、画家），勒诺瓦对他的诗歌作品很欣赏，两人很快成为挚友。在勒诺瓦骑士的引荐下，巴蒂斯特·杜米埃见到了德·罗昂（De Rohan）公主，并将自己的作品集作为礼物赠予这位王室成员。在王室的帮助下，他开始出版自己的诗歌作品《春之晨》（*Un Matin de Printemps*）。1816 年 7 月，经过在巴黎一年多的艰苦打拼之后，巴蒂斯特·杜米埃终于找到了一份法庭抄写员的工作，彼时留在家乡的小杜米埃年仅 8 岁。

1816 年 1 月 2 日，小杜米埃刚被母亲送到马赛一家寄宿学校开始自己短暂的学生生涯，得知父亲已经在巴黎站稳了脚跟，一家人决定于 1816 年 10 月前往巴黎投奔父亲。然而造化弄人，仅一年之后，小杜米埃的父亲就被法院解雇，一家人失去了收入来源。为了生计，小杜米埃的父亲找了很多工作，如参加政府公务员的考试或应聘图书馆管理员等，但都未能遂愿。从 1816 年到 1826 年，小杜米埃跟着父母在巴黎搬了近十次家，平均一年一次。在他 12 岁时，由于经济困难，小杜米埃被迫辍学，父亲给他找了一份在法院跑腿的工作。在工作空暇之余，小杜米埃仍不忘画画。小小年纪就开始打工、赚钱、贴补家用，贫困艰辛的童年生活让小杜米埃早早感知到人情冷暖、世态炎凉。终日与一些趋炎附势、唯利是图的法官和律师为伍，让杜米埃看透了这个腐朽无能的政府和那些假公济私的政客，不禁对社会底层被盘剥的劳动人民产生怜悯恻隐之心。

这段童年经历影响了杜米埃之后的创作风格，奠定了他毕生坚守的批判现实主义的艺术理念。多年之后，他发表了《三位法官开庭》（*Three Judges in Session*）、《败诉》（*Lost Lawsuit*）、《律师会议》（*Réunion d'avocats*）、《辩护人》（*The Defender*）、《律师和客户》（*Lawyer and Client*）等作品，映射的正是当年这段往事。

2. 拜师学艺

1819 年，杜米埃的父亲出版了自己的戏剧作品《菲利普二世》（*Philippe II*），并于两年之后成为马赛学院的通讯会员。同年，杜米埃也辞去在法院跑腿的工作，转而在巴黎一家书店内担任老板的助理和伙计。闲暇之余，他也常去附近的卢浮宫临摹大师的作品并在此画了生平的第一张素描，亦或是沿着塞纳河（Seine，法国第二大河，沿东西贯穿巴黎）畔逛旧书店和画廊。其中，父亲的挚友亚历山大·勒诺瓦的画廊和画家路易斯·弗朗索瓦·贾弗雷特（Louis François Jauffret，1770—1840 年，法国著名的教育家、诗人、神话画家）的画廊是杜米埃最爱去的地方。他在这里第一次认识了版画这种艺术媒介，其魅力深深吸引了杜米埃，使他在画廊流连忘返。

虽然始终热衷于绘画，但由于家庭经济的困难和父亲的反对，杜米埃读不起专业的美术培训学校。然而，在一次机缘巧合中，亚历山大·勒诺瓦看到了杜米埃在卢浮宫中临摹的素描，他被这个 13 岁的孩子所展露的艺术才华所折服，极力说服杜米埃的父亲资助儿子的艺术事业。

就这样，1822 年，14 岁的杜米埃被父亲送到亚历山大·勒诺瓦门下学习画画。在这里，杜米埃接受了基础美术教育。由于亚历山大·勒诺瓦是信守古典主义绘画范式的画家，所以他给杜米埃安排的课程大都是素描人像石膏，杜米埃所学习的范本也都是古典大师的作品，如彼得·保罗·鲁本斯（Sir Peter Paul Rubens，1577—1640 年，佛兰德斯画家）、弗朗斯·哈尔斯（Frans Hals，1582—1666 年，荷兰画家）、弗朗西斯科·何塞·德·戈雅·卢西恩特斯（Francisco José de Goya y Lucientes，1746—1828 年，西班牙画家）等。虽然单调的素描石膏练习枯燥无味，但在这里杜米埃能够近距离观摩、研究亚历山大·勒诺瓦收藏的两百多件肖像画藏品（后来捐给了卢浮宫）。杜米埃一生中描绘了几千个人物形象，而这些宝贵的藏品无疑是他创作历程中重要的学习资料。

由于上课的地方离卢浮宫不远，杜米埃一有机会就独自带着素描本去卢浮宫写生雕塑或临摹大师的作品。在学画期间，他又认识了很多和自己年纪相仿又志同道合的朋友，他们中有不少人后来也成了著名艺术家，如丹尼斯·奥古斯特·玛丽·拉夫（Denis Auguste Marie Raffet，1804—1860 年，法国插画家、版画家）和安托万·奥古斯丁·普雷特（Antoine Augustin Préault，1809—1879 年，法国浪漫主义雕塑家）等。

1825 年，杜米埃在版画家兼出版商人泽菲林·贝利亚尔（Zéphirin Belliard，1798—1871 年）的工作室当学徒，学习版画和石板印刷术，同时兼任出版工作。石板印刷术是一种在 1796 年刚刚被发明的新式印刷技术，相较于铜版画，制作石版画的成本更低。十九世纪初，石板印刷术在法国的印刷出版领域风靡开来，甚至一些印刷商亲自前往慕尼黑学习这种技术。截至 1828 年，法国塞纳河地区已有 23 家印刷店，500 名专业工人和 180 台印刷机，年营业额超过 300 万法郎。

杜米埃就是当时少数掌握此技术的艺术家。靠着这门手艺，他承接广告、插画和音乐乐谱等商业用途的出版订单并赚了不少钱，这或许是杜米埃一生中最富有的时刻。杜米埃的父亲此时也在写作领域取得了一些小成就，1823 年，他的诗集《小诗》出版。

此后，杜米埃一边在工坊做学徒赚钱，一边到苏士画院（Académie Suisse）自学绘画。这是一家在 1815 年由雅克·路易·大卫（Jacques Louis David，1748—1825 年，法国新古典主义画家）的学生查尔斯·瑞士（Charles Suisse，1846—1906 年，法国建筑师）在巴黎开办的美术学校。这里没有老师教学，只为学习者提供廉价的写生模特课程，但很多著名艺术家，诸如爱德华·马奈（Édouard Manet，1832—1883 年，法国印象派画家）、欧仁·德拉克罗瓦（Eugène Delacroix，1798—1863 年，法国浪漫主义画家）等都经常光顾这里交流和学习。生活环境和经济条件的改善使杜米埃的绘画技艺突飞猛进，也更加坚定了走自己的艺术之路。

3. 初露头角

此时，“羽翼渐丰”的杜米埃开始创作并尝试在报刊上发表自己的版画作品。1829 年，他和父母搬到了巴黎的巴里利街（Barillerie）33 号居住。这年，他首次在《剪影》（*La Silhouette*）杂志（1829—1831 年，巴黎的一家艺术家周刊，内容以讽刺抨击政治为主。这家杂志社几乎汇集了当时法国最著名的版画家、漫画家和插画家，影响力很大）发表自己的石板漫画作品。但 21 岁时，杜米埃的个人风格并不成熟，此时他的作品较多地受当时流行的一些版画家，如尼古拉斯·图桑·夏勒(Nicolas Toussaint Charlet, 1792—1845 年，法国画家、作家)、查尔斯·约瑟夫·特拉维耶斯·德维尔勒(Charles Joseph Traviès de Villers, 1804—1859 年，法国版画家、讽刺漫画家）和亨利·蒙尼尔（Henry Monnier，1799—1877 年，法国演员、讽刺漫画家）等人的影响，虽然杜米埃已经开始向报刊投稿自己的版画作品，但在初期一直匿名发表。

由于政治动荡，政府对出版物审查控制的力量不足，各种社会阶级、党派人士和文化学者都可以在报刊上公开发表自己的政治见解。为了充分发挥社会舆论和政治宣传的力量，甚至出现了职业撰稿人，来印制政治宣传的小册子。这种成本低廉、发行量大的刊物备受公众的欢迎，杜米埃或许就算是“职业撰稿人”之一。他既有在法院和书店工作的经历，又精于石板印刷技术和版画创作，利用自己的绘画作品，杜米埃大胆创作，对专制腐败的政府进行猛烈的抨击，揭露金钱侵蚀下的人性罪恶，勇敢表达自己的政治见解。

然而，审查制度的放松，并不意味着政府完全放弃出版管制，实际上，当局一直在努力严惩这些“反动”出版物。但在这一时期，法国文艺界的许多艺术家都不畏强权、勇于发声，他们会定期给一家或数家报刊投稿，利用自己的绘画和文学作品深刻揭露社会的不公与黑暗，比如奥诺雷·德·巴尔扎克（Honoré de Balzac，1799—1850 年，法国小说家，被誉为“现代法国小说之父”，代表作《人间喜剧》）、阿尔丰斯·都德（Alphonse Daudet，1840—1897 年，法国小说家，被誉为“法国的狄更斯”，代表作《最后一课》）等人。

在这一时期，杜米埃的版画作品以漫画的形式呈现，利用夸张和比喻的手法切入对象，语言诙谐幽默，艺术特点鲜明且辛辣讽刺意味浓重，颇受读者的喜爱。

4. 四十载创作生涯

1830 年 7 月，杜米埃正式加盟《剪影》杂志，开始了他四十年的漫画家生涯。刚开始，杜米埃以匿名的形式发表讽刺政治的漫画，后来索性以本名的缩写“H.D.”署名刊发作品。

然而不久之后的 1830 年 7 月 25 日，国王查理十世（Charles X，1757—1836 年）违抗民意强行解散议会废除君主立宪制，历史再次倒退。同年 7 月 27 日，拥护共和制的巴黎人民对死灰复燃的专制皇权发动了起义。这场革命异常顺利，经过三天的战斗，人民起义军于 7 月 29 日攻入杜勒丽宫（Palais des Tuileries，法国王宫，1564 年建成，1871 年巴黎公社运动时被焚毁），推翻了复辟政权的波旁王朝并成立了新的君主立宪政权，公爵路易 · 菲利普一世（Louis Philippe I，1773—1850 年）继承王位成为新的法国国王，这场革命史称“七月革命”（又称“光荣三日”）。有传闻杜米埃很可能也参加了七月革命，并且头部遭利刃砍伤而在额头处留下了刀疤。（1830 年杜米埃服刑时监狱对他长相描述的资料也能够佐证这个说法。）

七月革命的胜利维护了法国的民主自由，彻底摧毁了贵族豪绅等封建旧势力。振奋中的欧仁 · 德拉克罗瓦创作了著名的作品《自由引导人民》（*La Liberté Guidant le Peuple*），而杜米埃则在革命胜利后创作了讽刺查理十世狼狈逃亡英国丑行的《请你们再给我一点时间》（*Just a Little Bit Longer, Please!*），以及歌颂革命中受伤英雄的作品《七月英雄》（*A July Hero*）等。

杜米埃也在此时遇到了事业的“伯乐”，他在讽刺政治漫画中显露的天赋引起了巴黎大出版商、自由主义记者查尔斯·菲利普（Charles Philipon，1800—1861 年，法国石版画家、漫画家、设计师、记者，是当时法国最大的印刷厂和平版印刷机的所有者）的关注。由于七月革命后法国出版审查限制放开，查尔斯 · 菲利普和他的姐夫加布里埃尔 · 奥伯特（Gabriel Aubert）于 1830 年 11 月 4 日在巴黎创办了反君主制的政治讽刺杂志《讽刺漫画》（*La Caricature*）（1830—1843 年在巴黎发行，是一家带插图的周刊杂志。它以反复攻击国王路易 · 菲利普，将其描绘成“梨”形的卡通人物而著名，十三年内共出版了 251 期，每期四页，有两三幅石版画。这本杂志并没有固定统一的中译名，为方便读者阅读，此处的“讽刺漫画”为笔者意译，Caricature 法语意为“讽刺画、漫画”）。大文豪巴尔扎克，以及亨

利 · 蒙尼尔、保罗 · 加瓦尔尼（Paul Gavarni，1804—1866 年，法国插画家）等著名艺术家也在该杂志社撰稿。

1831 年，杜米埃受查尔斯 · 菲利普的邀请，正式签约于《讽刺漫画》，他很快成为该杂志社最年轻、最负盛名的讽刺政治漫画家。工作之余和同事们相互濡染交流使他不断成长，杜米埃在漫画创作方面进步得越来越快，版画和素描的产量也大幅增加，其独特的个人风格开始慢慢浮现。

1831 年 11 月，里昂工人起义遭到残酷镇压。杜米埃创作了揭露国王路易 · 菲利普的反动政策和军警残暴镇压工人的《向里昂进发》（*Départ Pour Lyon*）、《他们仅仅跳了一下》（*Ils ne Font Qu'un Saut*）和《到达里昂》（*Arrivée à Lyon*）等石版画作品。

这其中最著名的作品，便是 1831 年 12 月 15 日发表在《讽刺漫画》中的版画作品《高康大》【*Gargantua*，又译为“卡冈都亚”，原型出自法国作家弗朗索瓦 · 拉伯雷 1532 年出版的作品《巨人传》（*La vie de Gargantua et de Pantagruel*），是法国文艺复兴时期的经典文学作品，主角是一个饭量惊人的巨人】。这幅画直接将国王路易 · 菲利普作为原著中巨人卡冈都亚的原型，把他描绘成一个长着锥形脑袋、身材臃肿、目光呆滞、大腹便便、张着血盆大口的巨人。贫苦的人民正通过木梯把黄金一袋一袋地往他嘴里送，在他的两侧是穿着体面的巨人的奴仆，象征着当时的特权阶级和官僚阶级，正在卡冈都亚的背后相互攘权夺利，或者在贪婪地捡漏并吞食掉在地上的黄金。

杜米埃的这幅漫画作品将路易 · 菲利普一世自私贪婪的性格表现得淋漓尽致。事实上在路易 · 菲利普掌权时期，绝大多数法国人生活在极端贫困之中，而这位国王却给自己开出超过 1800 万法郎的“薪水”，相当于拿破仑 · 波拿巴（Napoléon Bonaparte，1769—1821 年，1804—1815 年在位）薪资的 37 倍，当时美国总统收入的 150 倍。同年 10 月 21 日，杜米埃又发表了一幅抨击国王的作品《上帝啊！我多么爱那个家伙》（*Dieu ai Jeaimécetêtre lâ*）。

杜米埃的这些作品一经发表便立刻引起强烈的社会反响，特别是《他们仅仅跳了一下》和《高康大》这两幅作品让政府和国王颜面尽失，很快《讽刺漫画》被政府列为重点惩治对象。1831 年 11 月 2 日，社长兼任记者的查尔斯 · 菲利普被指控侮辱国家元首而获罪。同年 12 月 7 日，法院认定针对《他们仅仅跳了一下》的指控无效，查尔斯 · 菲利普免于被起诉，而针对《高康大》“煽动对政府的仇恨及藐视、侮辱国家元首”的指控则是有效的。12 月 15 日，警察扣押了奥伯特版画店内的版画，《高康大》的石头原版及所有已印刷的成品被政府销毁。

5. 锒铛入狱

1832 年 1 月 2 日，查尔斯 · 菲利普被判入狱 6 个月。同年 2 月 23 日，杜米埃、德拉波尔特（Delaporte，《讽刺漫画》的印刷工匠）和加布里埃尔 · 奥伯特三人遭到法院起诉，杜米埃因“欺君之罪”被判处 6 个月监禁并处 500 法郎罚款，但这一判决并没有被立即执行。

在缓刑期间，杜米埃仍不放弃创作讽刺政治的漫画。就在判决当天，他署名“ROGELIN”的作品《噩梦》（*Le Cauchemar*）发表，这幅漫画把吉尔贝 · 迪 · 莫提耶 · 拉法耶特侯爵（Gilbert du Motier Marquis de La Fayette，1757—1834 年，法国将军、政治家，支持国王路易 · 菲利普的保守派）描述成一个心宽体胖的醉汉形象，杜米埃在这幅作品中首次使用了“梨”的形象，并在后来成为他经常使用的经典符号【“梨”（poire）在法语中的另一个意思是“蠢货”】。1832 年 3 月 8 日，杜米埃又发表了《1831 年的面具》（*Les Masques de 1831*），描绘了艾蒂安、圭索、阿萨林等十五个政治家，其中国王路易 · 菲利普的脑袋又被他画成了梨子。5 月 31 日，作品《部长的精神病院》（*Le Charenton Ministériel*）发表，杜米埃将政客们比喻成一群癖好独特、神经错乱的精神病人。

1832 年 8 月 27 日凌晨，对杜米埃的判决正式执行。当着父母亲的面，他在家中被逮捕并送往巴黎第五区（5th Arrondissement of Paris）的圣佩拉吉监狱（Prison Sainte-Pélagie，位于巴黎，在法国大革命期间以关押保皇派、共和党、革命者，以及发表反政府言论的知识分子、艺术家、科学家、军官而政治犯等闻名，1899 年被撤销）服刑 6 个月。

虽然杜米埃锒铛入狱，但他的作品却得到了社会大众和艺术界人士的肯定。著名的艺术评论家夏尔 · 皮埃尔 · 波德莱尔（Charles Pierre Baudelaire，1821—1867 年，法国诗人、散文诗的鼻祖、现代派文学奠基人）赞誉道：“杜米埃的素描画得跟德拉克罗瓦一样好！”

由于老板查尔斯 菲利普在这所监狱有过服刑经验，在他帮忙运作下，杜米埃仅在监狱中服刑2个月后便在11月2日转入菲利普·皮涅尔（Philippe Pinel，1745—1826年，法国医师，“现代精神病学之父”，他虽然没有发表过政治观点，但同情被压迫的民主自由派人士）的私人疗养院。在这里，杜米埃仍然坚持艺术创作，在给友人的信中他谈道：“监狱没有给我留下什么痛苦的记忆。”反而因为清静，他能够更加心无旁骛地绘画。在此期间，杜米埃的创作主题也多是自己在狱中的所见所闻，并且画了不少素描和水彩作品，这些作品由他的朋友查尔斯·拉梅莱特（Charles Ramelet，1805—1851年，法国画家）帮忙出版。

1832年12月1日，为了减少因审查而被罚款的财务风险，查尔斯·菲利普又创立了《喧嚣》（*Le Charivari*）杂志（1832—1937年，这本杂志并没有固定统一的中译名，为方便读者阅读，此处为笔者意译，Charivari，法语意为“喧闹”）。这本杂志以调侃日常生活和发表一些幽默内容为主，并没有《讽刺漫画》那么政治化。《喧嚣》于次年1月24日刊发了杜米埃的作品《罗耶·科拉德》（*Royer Collard*）（皮尔·保罗·罗耶·科拉德，Pierre Paul Royer Collard，1763—1845年，法国政治家、保皇派，曾参与波旁王朝复辟）。这是杜米埃艺术生涯里首次在《喧嚣》发表石版画，此时的他还在疗养院中服刑。

1833年1月27日，杜米埃刑满释放，同年2月他离开父母从巴里利街搬到圣丹尼斯街（Rue Saint-Denis）并租了一间房子独自生活。在那里，他认识了更多艺术圈的朋友，如保罗·休特（Paul Huet，1803—1869年，法国画家，同样参与过七月革命）和纳尔西斯·维尔日勒·迪亚（Narcisse Virgilio Díaz，1807—1876年，法国画家，巴比松画派成员之一）等，从1833年年底开始，杜米埃每天都到卢浮宫临摹鲁本斯的作品，每日至少一幅。

1834年，杜米埃开始同时在《喧嚣》《讽刺漫画》《每月联盟》（*Association Mensulle*，1832—1834年）刊发讽刺政治漫画。他的两幅代表作《1834年4月15日唐斯诺南街的屠杀》（*Rue Transnonain, 15 April 1834*）和《立法院之腹》均发表于这一时期。

《1834年4月15日唐斯诺南街的屠杀》映射了1834年4月15日政府军队残酷镇压巴黎丝绸工人起义的暴行。这场悲剧的枪声最早出自唐斯诺南街12号楼的窗口，随后国民警卫队冲进居民楼打伤、杀害无辜平民数人。在这幅作品中，杜米埃一改以往戏谑、夸张的漫画风格，采用矜重、严谨的艺术态度记录了法国历史上这血腥的一页。而在《立法院之腹》中，杜米埃则诙谐风趣地把自己日常调侃、抨击的立法院成员都汇集一堂来了幅团体画，每个人物的形象特点既惟妙惟肖、栩栩如生又极富艺术表现力，这幅作品也成为版画史上难得的佳作。

同年，在老板查尔斯·菲利普的要求下，杜米埃开始尝试创作泥塑，并以法国议会里的政客为原型创作了 36 尊陶俑半身像。这些陶俑形态迥异，极具个性又蕴含着浓厚的讽刺意味，以至于巴尔扎克在看到这批作品后感叹道“杜米埃有着米开朗琪罗身上的很多东西，他是有洞察力的。”

6. 坎坷之路

然而，就在杜米埃的出版事业一帆风顺之际，命运却狠狠地捉弄了他。1835 年 7 月 28 日，在七月革命胜利五周年的纪念仪式上，国王路易·菲利普遇到行刺，现场有 18 人被杀，而路易·菲利普却侥幸逃过一劫。

不久之后，路易·菲利普政府以枪击事件为理由在 9 月强行颁布了专制新闻法案，史称“九月法令”（*The September 1835 Laws*），法令限制了政治性漫画的出版自由。1835 年 8 月 2 日，《讽刺漫画》刊登了杜米埃的最后一幅政治漫画《因此而被杀是值得的》（*C'était Vraiment Bien la Peine de Nous Faire Tuer*）。8 月 29 日，《讽刺漫画》被迫停刊。

自从 1835 年 9 月颁布禁令之后，杜米埃就没有再进行过讽刺政治漫画的创作。为了谋生，他转向艺术市场需求量较大的风俗画和现代题材绘画的创作，这个阶段杜米埃的作品往往以自己生活中的点滴片段、具体情境抑或小说神话当中的人物作为创作主题。如《高老头》（*Le Père Goriot*）、《阅读》（*Reading*）、《杜米埃和剧院》（*Daumier and the Theater*）、《三等车厢》（*A Third Class Railway Carriage*）、《堂·吉诃德》（*Don Quijote de la Mancha*）等。

在《讽刺漫画》停刊之后，《喧嚣》杂志成了杜米埃发表作品的主要平台。由于是日刊且发行量较大，在 1836 年 8 月 20 日至 1838 年 11 月 25 日之间，杜米埃一共发行了近百幅版画，获得了极大的社会反响，其中最著名的就是 1836 年 8 月创作的《罗伯特·麦克尔》系列组画（Robert Macaire，法国戏剧、电影文化中的虚构人物。在法国影视作品中，罗伯特·麦克尔代表小人，常以流浪汉、小偷的形象出现），杜米埃用近100幅版画和将近4000多个人物构筑了这幅鸿篇巨作，其中的每幅作品都被精心安排并配以幽默场景，生动地记录了法国转型时期各社会阶层的生活景象。1838年11月1日，《讽刺漫画》周刊复刊，杜米埃又在此发表了一百余幅石版画作品，直到1843年彻底停刊。

由于市场对版画的需求量减小，从1839年开始，杜米埃的经济状况就逐步恶化，他的一幅石版画只能卖到50法郎，每月赖以维持生计的只有500～700法郎的稿费收入。1842年，杜米埃还曾因为无力支付110法郎的债务，被法院强制拍卖一部分资产用以还债。在1843年写给《喧嚣》杂志社的信中，他申请希望增加出刊次数或预支自己的薪资以还债。但后来的新合约规定杜米埃每月仅能提供5～10幅版画，此时他每月的工资已不到500法郎。

由于生活困顿，杜米埃于1846年搬到了圣路易岛（Ile Saint-Louis）的安茹码头街（Quai d'Anjou）9号居住。同年4月16日，杜米埃与比他小14岁的裁缝玛丽·亚历山大·达西（Marie Alexandrine Dassy，1822—？）小姐成婚。这时政府部门找到杜米埃希望从他这里订购几张宗教题材的油画，这笔订单本来能为陷入财务危机的杜米埃带来一笔丰厚的收入，却因为他日夜奔忙于出版漫画的事宜迟迟无法完成而被政府放弃订购。

1848年，改革选举制度已是法国民意趋势，为了争取顺利改革，资产阶级决定召开一次宴会。然而，路易·菲利普却认为这次宴会对自己是巨大的威胁，命令政府强制取缔原定于2月22日举行的这场象征着民主的宴会，政府的野蛮专横彻底激起民愤。2月24日，“二月革命”爆发，路易·菲利普被迫逊位。

时隔13年，杜米埃又被获准从事讽刺政治漫画的创作，这时他独特鲜明的艺术特色和创作风格已基本成熟，语言形式更加广泛，除了版画和素描，油画和水彩也是他此后经常使用的绘画媒介。

7. 挚友反目

虽然出版管制被放开，但杜米埃糟糕的经济状况却没有什么变化，反而愈发严峻。1860年，杜米埃与已经合作了二十多年的老朋友查尔斯·菲利普之间的友谊决裂，随后他被《喧嚣》杂志解雇，甚至在那年4月13日出版的一期《喧嚣》

杂志中还刊登了一篇查尔斯 · 菲利普的文章《杜米埃让位》，指出杜米埃之所以被解雇是因为读者不能容忍他“令人厌恶”的言行。但关于杜米埃被解雇这件事，有观点认为是和当时拿破仑三世(Napoléon III, 1808—1873年，即拿破仑 · 波拿巴，法兰西第二共和国总统，法兰西第二帝国皇帝）对报禁又开始严格管控有关。

失去工作的杜米埃生活更加贫困。1863年，杜米埃从圣路易斯岛搬到了罗切舒亚尔大街（Boulevard Rochechouart)，随后又搬到了阿贝街（Rue l'Abbaye)，最后定居在克里希街（Boulevard Clichy)。就在杜米埃日暮途穷、走投无路之际，他的好友波德莱尔帮他找到了一份为书籍画插画的工作。虽然这份工作薪酬并不高，但大量空闲的时间使杜米埃能够专心于自己的版画事业，剩余的精力则从事油画和水彩画的创作，这对他来说是意想不到的收获。

不久之后，查尔斯 · 菲利普去世，杜米埃于1863年12月18日重新回到《喧嚣》杂志社工作，同事们为这位共事了29年的老伙伴举办了欢迎会。1864年，杜米埃以童年在法院跑腿的经历创作了一系列以律师为主题的版画。次年，一贫如洗的杜米埃前往巴比松（Barbizon）投奔朋友艾蒂安尼 · 皮耶尔 · 泰奥多尔 · 卢梭（Étienne Pierre Théodore Rousseau，1812—1867年，法国巴比松画派的风景画家），同年10月1日，他在瓦勒蒙杜瓦镇（Valmondois，位于巴黎郊区）租了一栋房子生活，杜米埃的余生都在这里度过。在1868年泰奥多尔 · 卢梭和查尔斯 · 鲍德莱尔相继去世之后，杜米埃的日常生活和艺术创作全部仰仗好朋友让 · 巴蒂斯特 · 卡米尔 · 柯罗（Jean Baptiste Camille Corot，1796—1875年，法国风景和肖像画家）的经济救济。当时的柯罗已经是法国最负盛名的艺术家，当他得知杜米埃由于眼疾几近失明无法创作只能靠借贷度日时，便委托他与杜米埃共同的朋友巴尔东将6000法郎交给杜米埃，让他支付房租。1874年，柯罗索性将杜米埃过去9年里一直租的瓦勒蒙杜瓦镇的那栋房子买下来赠予杜米埃。巴蒂斯特 · 柯罗于1875年2月22日逝世，他一生收藏了众多画作，其中有不少杜米埃的作品。

8. 最后的批判

1866 年，普奥战争（Austro-Prussian War，又名七星期战争或德意志战争，是普鲁士王国和奥地利帝国争夺统一德意志的战争）爆发，这场战争最终以普鲁士的胜利告终，统一后的普鲁士王国内部民族主义情绪高涨，与法国的外交关系紧张，普法之间越来越深的矛盾让杜米埃深感焦虑。

1867 年，他以普鲁士政府和首相俾斯麦为讽刺的对象，再次创作了一系列政治讽刺版画。但此时的杜米埃却发现自己的视力正在下降，不久之后，他被确认患上了眼疾，治疗的医生建议他立即停止版画创作以免加重病情，然而杜米埃并没有放下对他而言象征着武器的画笔，普鲁士王国、军国主义、俾斯麦和当时各怀鬼胎的欧洲诸国都是杜米埃想要抨击的对象。

1869 年，拿破仑三世决定授勋给杜米埃和库尔贝，但被两位艺术家拒绝。1870 年，因为对沙龙评审标准的不满，杜米埃与柯罗、爱德华 · 马奈、古斯塔夫 · 库尔贝（Gustave Courbet，1819—1877 年，法国现实主义画家）和弗朗索瓦 · 邦温（François Bonvin，1817—1887 年，法国现实主义画家）联合签署抗议沙龙评审制度文件，要求改革入场展览规则的声明。

1870 年 7 月 14 日，普法战争爆发（Franco-Prussian War，这场战争法国惨败，普鲁士最终建立了德意志帝国，德国皇帝在凡尔赛宫登基）。在战争期间，为了保护国家美术馆的艺术收藏品不被掠夺和破坏，许多艺术家自发组织起艺术家委员会来保护这些国家藏品，杜米埃也是其中一员。此时因为眼疾，他不得不暂时放弃版画创作，但后来法国战败的屈辱经历促使杜米埃在战后在《喧嚣》杂志发表了一系列针对教会和战争的寓言版画。这是杜米埃生平最后的政治讽刺版画。

9. 暮年展览

到 1873 年，几乎失明的杜米埃仍抓紧最后的时间进行创作。直到 1877 年，杜米埃的双眼几乎全瞎，他被医生要求禁止继续作画。从此杜米埃离开了纷纷扰扰的出版界，和家人在瓦勒蒙杜瓦过起了简朴的隐居生活。

1878 年，在大文豪维克多 · 雨果（Victor Marie Hugo，1802—1885 年，法国

浪漫主义文学家，代表作《悲惨世界》）的赞助和朋友们的帮助之下，杜米埃人生中唯一一次个展在杜兰德·鲁尔画廊（保罗·杜兰德·鲁尔，Paul Durand Ruel，1831—1922 年，著名的法国艺术品交易商）举办，现场由 30 位艺术家和记者组成展览委员会，雨果致开幕词，然而杜米埃自己却因为眼疾无法参加这场对他意义非比寻常的开幕礼。

1879 年 2 月 10 日，杜米埃在瓦勒蒙多瓦因中风去世，享年 71 岁，被安葬在柯罗的墓旁。1880 年 4 月 16 日，杜米埃的坟墓从瓦勒蒙杜瓦迁至巴黎市拉雪兹神父（Père Lachaise）墓园。同年，巴黎艺术学院举办“十九世纪油画、水彩、法国讽刺漫画大师版画及风俗画展”，杜米埃的很多作品被选入其中，1895 年 1 月，杜米埃的夫人辞世，享年 73 岁。

三、风格

1. 批判现实主义的题材

杜米埃的艺术创作可以分成两个阶段。1830—1847 年，杜米埃是纯粹的批判现实主义艺术家，在这个阶段他的作品以讽刺政治画为主，国家大事、社会变革、人民的现实生活、国王的专制腐败，以及自私贪婪的政客和法官都是这个时期杜米埃想要抨击的对象，如歌颂七月革命胜利的《七月英雄》、抨击政府镇压工人起义的《到达里昂》，或者讽刺国王路易·菲利普一世贪污腐败的《高康大》等。此时的杜米埃密切关注社会时事、民主自由和百姓疾苦，把自己的艺术创作深深扎根于政治斗争中，作品的主题也紧随时局而变化。

1848 年以后，杜米埃作品中的政治性有所减弱，他开始以日常生活、讽刺漫画或文学神话为主要创作内容，又或为童书和小说创作插画。商人、律师、儿童、演员、小资产阶级是这一时期杜米埃作品中最常出现的形象，并且这个阶段的作品多以组画形式呈现。如 1842 年以巴尔扎克的小说为原型创作的《高老头》、根据神话故事为原型创作的《西勒努斯的醉酒》（*Drunken Silenus*）、描绘平民生活的《洗衣妇》《三等车厢》，以及根据米格尔·德·塞万提斯·萨维德拉（Miguel de Cervantes Saavedra，1547—1616 年，西班牙小说家、剧作家和诗人）的文学作品创作的《堂 · 吉诃德》系列组画等。

杜米埃晚年的绘画题材之所以会发生改变，一是因为政府的出版禁令限制了讽刺政治漫画的作品尺度，他只有通过旁敲侧击的方式委婉表达对社会不公的怨恨和对劳苦大众的同情。二是因为杜米埃晚年的生活穷困潦倒、一贫如洗，只有适当地创作一些迎合市场口味的风俗画和插画，才能卖得一个好价钱，得以维持基础生活和继续创作。但最主要的是，此时的杜米埃经历了三次出版禁令、友谊决裂、牢狱之灾和起义革命，与政府数十年的斗争和四十年生活的艰辛已磨去他身上那份年轻人的莽撞和辛辣，多了一份长者的成熟和稳重。虽然他从始至终都没有放弃自己的政治立场和讽刺政治漫画的创作，但晚年杜米埃的艺术更多的是一种随遇而安的精神状态，此时他的艺术追求开始向绘画的自律性回归，更希望强调的是自己的艺术个性。

图 13-2 至图 13-7 是杜米埃的几幅代表性作品。

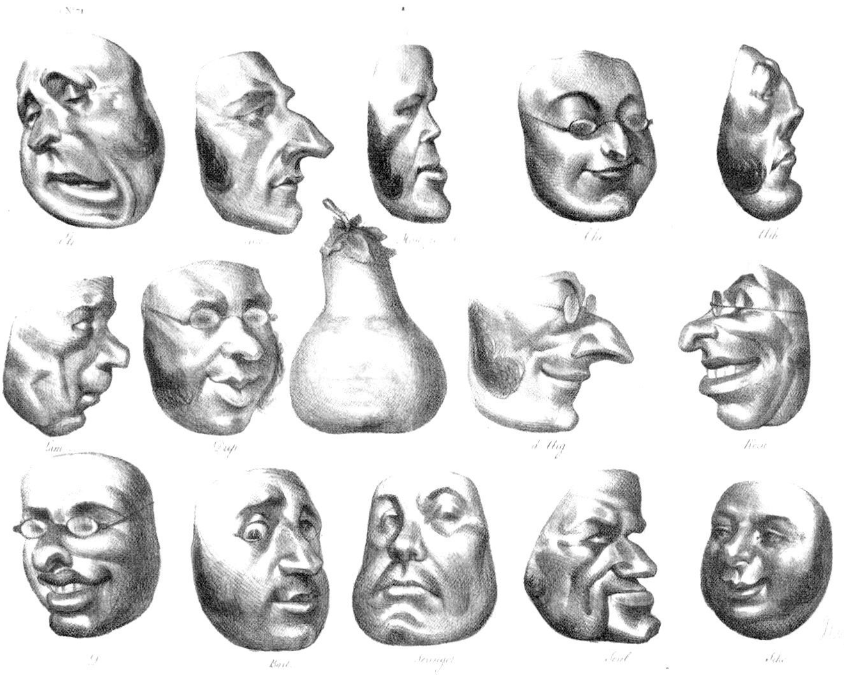

图 13-2
《面具》（1831 年）
Les Masques De

图 13-3
《高康大》
Gargantua

图 13-4
《1834 年 4 月 15 日唐斯诺南街的屠杀》
Rue Transnonanain, le 15 Avril 1834

图 13-5
《三等车厢》
A Third Class Railway Carriage

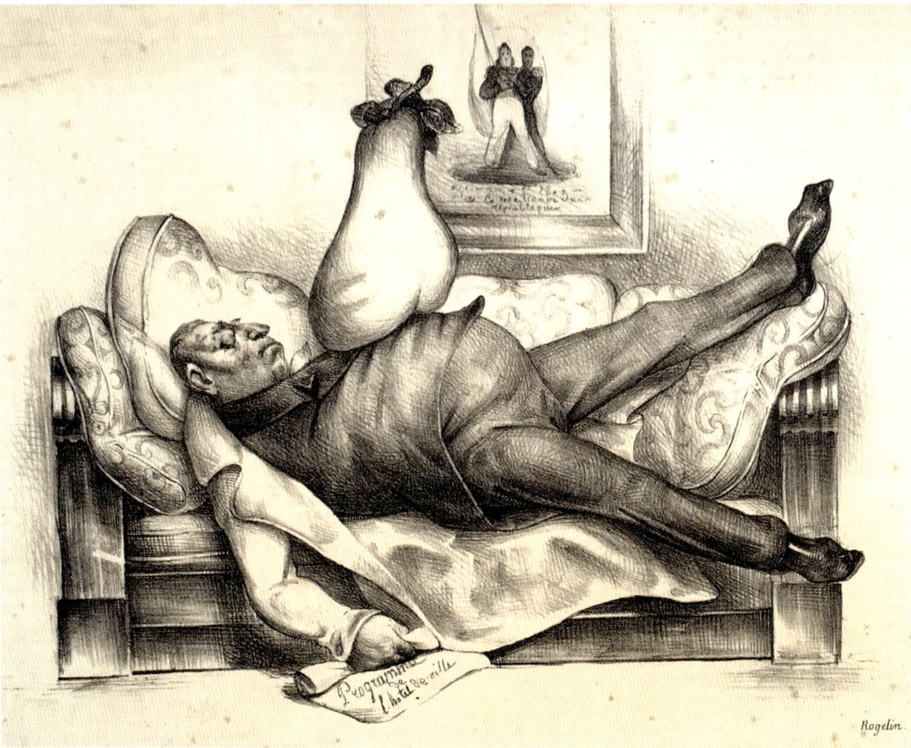

图 13-6
《噩梦》
Le Cauchemar

图 13-7
《高老头》
Le Père Goriot

2. 别具一格的版画

杜米埃在 71 年的岁月里共留下将近 5000 多幅版画，他最杰出的艺术成就尽数反映在他的版画作品之中。

早期，他的版画作品是中规中矩的写实风格，手法干净利落，注重强调外轮廓线。人物的体态、面貌和表情经过精心的夸张处理，画面内容丰富、细致，虽然元素很多，但戏剧化情节安排得仍非常紧凑，常常隐藏一些暗喻的符号和道具。他拒绝那些繁缛娇贵的装饰性元素，而是用最简单、质朴的方法表现对象的外在真实和内在个性。

后期杜米埃的版画风格有所变化，他希望用一种快速、干脆的绘画方式记录日常生活和对现实的观察和思考。这个时期的作品更追求创作过程中的直观感受，画面构成简单、形体浑厚完整、笔法准确有力、强调节奏韵律的美感，透露着速写式的随性、洒脱的意趣，作品寓意更是直截了当，不再使用象征、暗喻等扭捏的手法。

晚年杜米埃的版画风格更加大胆、成熟。他是最早尝试印象派理论的版画家，在 1848 年，他在自己的版画作品中刻意抹去光影的对比，让整个人物的脸和身体的轮廓全部被周围的光线吞噬，与大气融为一体，追求捕捉转瞬即逝的色彩效果。漫画性和雕塑性也是杜米埃风格的一大特征，他也是最早尝试把漫画的夸张、怪诞和雕塑的塑形意识引入版画的艺术家之一。正是如此，杜米埃被后世称为“漫画界的米开朗琪罗。”

除此之外，杜米埃也是版画的革新者。十九世纪初期法国的石版画材料多进口自德国慕尼黑。1833 年，杜米埃首次使用法国本地的石头制印版，使用国产石头制版使绘制版画的成本大幅降低，杜米埃的版画产量也相对增加。在后期，他版画家的名声已经越来越大，杜米埃开始尝试用木头做印版，自己先将画稿绘制在木头上，然后再由专门的工匠负责凿刻。在 1872 年与朋友的一次晚餐聚会时，就餐使用的铜器餐具激发了杜米埃的灵感，他在铜制餐盘上创作了他生平唯一一幅蚀刻铜版画。

3. 水彩、油画和雕塑

除版画外，杜米埃也勇于尝试其他画种，他一生中创作了 300 余幅油画和水彩画作品，但自己从未受过任何专业的水彩画和油画的训练。

1848 年，已经 40 岁的杜米埃才开始创作油画，为了应对不同媒介带来的技术难题，他在实践中努力、谨慎地反复练习，以至于后来感叹“油画的媒介太难把握了”。杜米埃的油画一如其后期版画的特点，不强调造型的准确，只强调把握对象的精神气质，追求色块与形体的力量感，色调往往偏爱浓烈厚重的土黄、棕色和粉红，例如，杜米埃的代表作《三等车厢》等。

他的水彩画则更多是闲暇之余的信笔涂鸦，抑或是为创作准备的草稿，但仍展示出不俗的艺术成就。这些作品的尺寸往往不大，呈现轻松洒脱的速写风格，杜米埃保留了作品中水痕自然流淌和起形过程中留下的素描痕迹，刻意追求作品的未完成感。他善于在水彩画中利用明暗对比强化戏剧性，例如，在刻画法庭之上的场景时，往往用灰暗的色彩营造一种沉闷、压抑的画面气氛。他的水彩画作品有《革命现场》（*Scène de la Révolution*），《两个老人的研究》（*Study of Two Old Men*）、《堂·吉诃德与潘沙》、《辩护律师》、《律师诉讼》（*Lawyer Litigating*）等。

在雕塑方面，据说杜米埃可能受过老师勒诺瓦的简单教育指导和米开朗琪罗作品的影响，他的雕塑作品首先用黏土捏制，然后进行彩绘。杜米埃不遗余力地夸张每个人物最突出的外貌特征，通过漫画式的变形、扭曲，抓住其最传神的特点，他大刀阔斧的造型方法反而使作品保留了强烈的塑痕感和粗糙的肌理感，有非常强的视觉冲击力。有观点认为，杜米埃极具个性的雕塑语言影响了十九世纪的康斯坦丁·穆尼尔（Constantin Meunier，1831—1905 年，比利时画家、雕塑家）和亨利·马蒂斯（Henri Matisse，1869—1935 年，法国野兽派画家）等艺术家。

杜米埃的雕塑作品虽然并不多，尺寸也不大，但却比他的油画和水彩画作品知名度更高，巴尔扎克就曾评价杜米埃身上有米开朗琪罗的影子。在杜米埃去世之后，这些雕塑被翻制成青铜材质的作品，受到全世界收藏家们的极度青睐，而杜米埃自学而成的油画和水彩画作品则以一种完全独立于沙龙时尚和学院派风格的面貌得到呈现，令观者耳目一新。也正是如此，他所展出的作品被当时的沙龙评委们认为是“业余的”而被官方展览忽略，以至于社会大众和大多数艺术评论家直至杜米埃离世前一年的回顾展上才看到他的这些油画和水彩画作品。

杜米埃的作品塑造了许多令人难忘的经典角色，他敏锐的眼睛像鹰隼一般捕捉着目标的表情和肢体语言，不论是资本家阴险狡诈的嘴脸，还是立法院里高傲蛮横的政客，在他眼里都能一望而知，只需寥寥几笔，信手一捏就能表现得活灵活现，把精神气质和人格心理刻画得淋漓尽致，这或许是杜米埃的作品能扣人心弦的重要原因。

四、艺术观点

杜米埃以现实主义为艺术创作的核心宗旨，主张应该记述真实、深刻的历史，认为艺术来源于艺术家自身的生活和对社会的观察，而不是单纯地为了艺术去丑化生活或美化生活。童年时代为生计而辍学奔波，青年时代参与了七月革命，中年时代见证了二月革命，晚年又亲历了 1870 年的普鲁士入侵和 1871 年的巴黎公社运动、牢狱之灾、友谊决裂。杜米埃的艺术灵感来自自己丰富的人生阅历和法国民主革命时代下的社会情态。他的作品真实生动地反映了十九世纪巴黎的现实生活和众生群像。

除此之外，杜米埃的艺术还强调注重群众性和通俗性，反对“为艺术而艺术”，把艺术置于高阁的思想。他极力使用浅显易懂的艺术语言表达自己的想法，极力减少观者理解的难度，无论观者的艺术修养和文化水平高还是低，都能一眼明白自己想表达的内容。在题材上，杜米埃努力亲近人民，作品极富市井生活气息，以幽默的戏剧化情节和夸张、风趣的造型特点吸引读者的兴趣，深受大众欢迎。

杜米埃的艺术目标是为社会服务，并最终起到教育和批判的积极意义。他认为艺术家不仅要反映时代面貌、描写社会的罪恶和德行，更强调要揭露产生这些现象的内在道德原因和政治逻辑。

他既是时代变迁的记录者，也是道德家和教育家。他的艺术之路便是“揭示社会现实”和“批判政治强权”的道路，从自由民主的立场和同情工人阶级的角度出发，揭露了波旁王朝的专制和腐败，表达了对下层社会人民的深切同情，深刻且真实地反映了社会景象，蕴含了广泛的思想内涵和时代精神。

五、作品解读

图 13-8
《一名律师》
A Lawyer

图 13-8 是一幅杜米埃的水彩画作品，画中人物身着宽大的长袍、系着白色领结，他头上那顶独特的礼帽其实是十九世纪法国律师最爱佩戴的法官帽。这是一位两鬓斑白的老人，好似正在法庭上认真地听着对方的辩护证词。他嘴角上扬，眉头紧皱，双目炯炯有神，表情、姿态刻画得栩栩如生，加上那阴暗的色调，观者仿佛能切身地感受到法庭上严肃紧张的氛围和正在进行的唇枪舌战的激烈交锋。在色彩上，杜米埃主观处理了背景和衣服的色彩，刻意淡化衣服和帽子的明度反而加深了背景，利用黑色和白色的强烈对比吸引观者的视觉中心到画面最精彩的地方，强化了主题和画面的分量感。同时，杜米埃利用脸颊的暖色和衣服的冷色形成对比，活跃了画面的色彩，而不至于闷死在灰暗的色调之中。在造型上，杜米埃在尊重客观对象的基础上强化其突出特征。虽然只是很小的作品，但边缘线的处理仍非常生动丰富，面部的细节刻画也十分深入。在手法上，他采用了干湿结合的画法，保留了起形时留下的痕迹，给人一种自然明快的审美感受。右下方“H.D.”则是杜米埃的本名 Honoré Daumier 的缩写。

《街头表演：玩鼓的小丑》
Street Show: a Clown Playing a Drum

《男子头部肖像》（之一）
Head of a Man

《男子头部肖像》（之二）
Head of a Man

《游行》
La Parade Foraine

《在镜子前摆姿势的演员》
Actor Posing in Front of a Mirror

《辩护律师》（之一）
Counsel for Defence

《辩护律师》（之二）
Counsel for Defence

《交谈中的两位律师》
Two Lawyers Conversing

《听证会前》
Avant L'audience

《剧场观众》（左图）
A Theater Audience

《中场休息》（右图）
The Intermission

在艺术方面，杜米埃确立了讽刺漫画的含义。他的作品没有浪漫主义的激情，也没有传统沙龙风格那种精良制作和纪念碑式的构图，他不从正面讴歌英雄或批判现实，而是运用变形、象征和暗喻的文学手法塑造了一个又一个幽默诙谐的典型人物，从侧面对社会弊病和不良现象予以谴责，用小小的艺术作品同强大的政治势力做斗争，以尖锐的艺术语言对抗社会的黑暗势力。他的讽刺政治漫画作品超越了对局部现象和艺术自身的讨论，聚焦于时代背景下的大千世界。从 17 岁开始学习艺术，杜米埃一生共创作了数千幅版画，仿佛一部史诗记录了 1830—1870 年变革转型中的法国社会，人们称之为“十九世纪中叶法国生活的另类百科全书、 没落阶级集体形象的辞典”。他创造了无数美术史和文学作品中的经典形象，以独特鲜明的艺术风格和时代批判精神成为历史上最伟大的版画家。

在政治方面，杜米埃是民主共和体制的忠诚拥护者，他的一生与政治结下不解之缘。虽然晚年成名之后受人推崇，但他一生终究贫穷困苦，经济状况相当拮据。他的朋友们也都是版画家、穷人、狂热的左翼分子等。杜米埃以诚实和同情的态度看待被压迫的底层百姓，把自己手中的画笔当作武器，把报刊当作战场，猛烈抨击政府的昏庸腐败、讽刺官员政客的藏奸耍滑，不畏强权、不惧压迫，揭露专制下的残暴统治。

在杜米埃所处的十九世纪初期的法国，恰逢政治领域的专制与自由之争和艺术领域的学院派与印象派之争，杜米埃的讽刺政治漫画既不符合政治专制的要求，也不符合学院派艺术的标准，这或许是他凄凉一生、穷困潦倒的本质原因。但正是如此，杜米埃的作品风格和主题在当今看来都极具开拓性和革命性。

参考文献：

[1] Robert Daumier. Honore, Rey. Harry N. Abrams [M]. Easton Press, 1965.
[2] Sheldon Cheney. The Story of Modern Art [M]. Viking Adult, 1958.
[3] National Museum of Wales. French Art from the Davies Bequest [M]. National Museum of Wales, 1982.
[4] Theodore Reff. Degas: The Artist's Mind [M]. Metropolitan Museum of Art, Harper & Row, 1976.
[5] John Canaday. Mainstreams of Modern Art [M]. Holt, Rinehart, and Winston Inc. 1959.
[6] 李建群，邵亦杨 . 外国美术史 [M]. 长沙：湖南美术出版社，2013.
[7] 廖琼芳 . 杜米埃 [M]. 石家庄：河北教育出版社，2001.

后记

本书得以出版，首先由衷地感谢四川美术学院重庆市“十三五”一流学科建设经费的资助，感谢四川美术学院学科卓越艺术人才计划项目组成员对本书撰写的资料搜集和整理。特别感谢杨林青先生对本书封面及版式设计的倾情指导。由于笔者学识所限，书中难免存在疏漏不足，望前辈、同行专家指正!